Lorca, poeta maldito

Contemporánea
Humanidades

FRANCISCO UMBRAL

LORCA, POETA MALDITO

Prólogo de Ian Gibson

Planeta

El papel utilizado para la impresión de este libro está calificado como **papel ecológico** y procede de bosques gestionados de manera **sostenible**.

fundación
Francisco Umbral

La lectura abre horizontes, iguala oportunidades y construye una sociedad mejor.
La propiedad intelectual es clave en la creación de contenidos culturales porque sostiene el ecosistema de quienes escriben y de nuestras librerías.
Al comprar este libro estarás contribuyendo a mantener dicho ecosistema vivo y en crecimiento.
En **Grupo Planeta** agradecemos que nos ayudes a apoyar así la autonomía creativa de autoras y autores para que puedan seguir desempeñando su labor.
Dirígete a CEDRO (Centro Español de Derechos Reprográficos) si necesitas fotocopiar o escanear algún fragmento de esta obra. Puedes contactar con CEDRO a través de la web www.conlicencia.com o por teléfono en el 91 702 19 70 / 93 272 04 47

© Herederos de Francisco Umbral, 2007
© del prólogo, Javier Villán, 2012
© Editorial Planeta, S. A., 2012, 2023
  Avda. Diagonal, 662-664, 08034 Barcelona (España)
  www.planetadelibros.com

Diseño de la colección: Compañía
Ilustración de la cubierta: © Federico García Lorca, 1931. Col. Fundación Federico García Lorca (Procedencia del archivo de Ian Gibson)
Primera edición en Austral: junio de 2012
Segunda impresión: octubre de 2016
Tercera impresión: mayo de 2020
Cuarta impresión: marzo de 2023

Depósito legal: B. 15.401-2012
ISBN: 978-84-08-00489-9
Composición: La Nueva Edimac, S. L.
Impresión y encuadernación: QP Print
Printed in Spain - Impreso en España

Biografía

Francisco Umbral (Madrid, 1935-2007) se dedicó desde los años sesenta a la literatura y el periodismo. Se le ha definido como «el mejor prosista en castellano del siglo». Su novela *Mortal y rosa* (1975) es considerada una de las obras maestras de la segunda mitad del siglo XX. La obra de Umbral mereció, entre otros reconocimientos, el Premio Mariano de Cavia, el Premio González Ruano de Periodismo, el Premio de la Crítica, el Premio Nadal con *Las ninfas*, el Premio Príncipe de Asturias, el Premio Víctor de la Serna, el Premio de Novela Fernando Lara con *La forja de un ladrón*, el Premio Nacional de las Letras y el máximo galardón en lengua castellana, el Premio Cervantes. Entre el resto de sus obras destacan *Un carnívoro cuchillo*, *Los helechos arborescentes*, *El socialista sentimental*, *Madrid, tribu urbana*, *Trilogía de Madrid*, *La leyenda del César visionario*, *Diario político y sentimental*, *Historias de amor y Viagra*, *El hijo de Greta Garbo*, *Un ser de lejanías*, *Cela, un cadáver exquisito*, *Los metales nocturnos*, *Días felices en Argüelles* y *Amado siglo XX*.

ÍNDICE

Prólogo		13
Paréntesis		23
1.	Dibujo biográfico	31
2.	El duende	44
3.	Libro de poemas	52
4.	Poema del cante jondo	68
5.	*Primeras canciones*	81
6.	Desdoblamiento y personalidad	87
7.	*Canciones*	92
8.	Lirismo objetivo y lirismo subjetivo	100
9.	Los gitanos	106
10.	Andalucía y surrealismo	139
11.	El romántico	144
12.	Los negros	154
13.	Los homosexuales	179
14.	El mal superfluo	189
15.	*Diván del Tamarit*	194
16.	Poemas sueltos	203
17.	Minimización y primor	211
18.	Tragicismo	220
19.	Señorito andaluz	246
20.	Federico	274

A María-España

Y la vida no es noble, ni buena, ni sagrada.

FEDERICO GARCÍA LORCA

PRÓLOGO

He aquí, amigo lector (ya lo sé, habría que añadir «amiga lectora»), he aquí, digo, uno de los estudios más originales, incisivos, amenos, clarificadores y valientes jamás escritos sobre Federico García Lorca. Estudio, para que se asombren quienes no estén al tanto, publicado en el Madrid de 1968 cuando al general Franco le quedaban aún siete años de vida (relativa) y seguía en pie un sistema de censura que, entre otros estragos, hacía todavía imposible la edición de las obras verdaderamente *completas* del granadino (las de Aguilar, iniciadas en 1954 bajo la inestimable dirección de Arturo del Hoyo, y con sucesivas incorporaciones posteriores, nunca lo serían en vida del dictador).

Lorca, poeta maldito era y es un texto combativo y comprometido y, por lo que le tocaba a aquel régimen, sin duda alguna subversivo, aunque de ello las autoridades no se diesen cuenta. Hay que admirar, retrospectivamente, la audacia y mano izquierda del editor José Ruiz-Castillo.

La misión que se había impuesto Francisco Umbral —creo que no me equivoco al utilizar este vocablo— era deshacer los mitos, bulos, rumores y chismorreo que se habían ido acumulando en torno al poeta granadino, y que hacían imposible o muy difícl llegar al Lorca auténtico, al Lorca profundo. Umbral estaba hasta el morro del «clisé» de la volubilidad del poeta, del tópico de «ave llena de colorido» para quien la vida era una permanente y desenfadada fiesta (hasta que no tropezara, eso sí, con la horma de su zapato). La meta del autor, insiste éste al ir llegando ya al final del camino recorrido, ha sido «la destrucción del busto que iconografía a Lorca como señorito andaluz genialoide que hacía versos».

Misión cabalmente cumplida.

A lo largo de *Lorca, poeta maldito* Umbral se refiere al texto que está escribiendo como *libro*. Lo es, obviamente, en el sentido genérico del término, pero creo que incumbe más entenderlo como *ensayo*, ensayo en el cual, como queda indicado, se trata de demostrar la validez de una tesis cuyo título bien podría haber sido, dice el autor, *Sexo y muerte en García Lorca*. Porque —y Umbral no lo duda— sexo y muerte, inextricablemente unidos, «son los elementos esenciales de una obra que vista en panorama parece tan varia». «O quizá —añade sagazmente—, ni siquiera se trata de esos dos temas sino de un tercero, misterioso y sin nombre, que es la resultante de ambos.»

Hoy, cuando, a diferencia del ensayista, sí podemos leer las obras completas del poeta, incluidos los *Sonetos del amor oscuro* y el inmenso, torrencial corpus de su *juvenilia* (versos, prosas, teatro) —material, éste, intuido por el vallisoletano gracias a los trozos a su alcance, y que abriga las semillas de todo lo que vino después—, podemos apreciar lo acertado de aquella percepción. El mundo lorquiano, lo animado y lo (según la mente lógica) «inanimado», está impregnado y transido de sexualidad, de una «sed de sexo» que «nunca se apaga», simbolizada por el macho cabrío, protagonista de unos versos clave colocados al final del *Libro de poemas*, y que, en el caso de las protagonistas lorquianas, nunca encuentra satisfacción. «Incesto, homosexualidad, adulterio, todas las formas proscritas de lo sexual tientan al poeta —sentencia con razón Umbral—, siquiera sea literariamente. Y nunca es sólo literariamente, ya lo sabemos.» En otro momento agrega a la lista el bestialismo (la poderosa atracción del caballo garañón). Por nuestra parte añadiríamos el sadomasoquismo, muy presente en *El público* (obra cuya publicación dos años después daría lugar a una fructífera polémica entre Umbral y el editor de la misma, Rafael Martínez Nadal).

Después de leer este ensayo sabemos que Federico García Lorca, que alberga dentro de sí «un profundo secreto», es un escritor obsesivo, reincidente, monotemático que, en el terreno que es el suyo —la libido que busca y no encuentra, como Soledad Montoya («Romance de la pena negra»)—, ha buceado más hondamente que ningún poeta o dramaturgo antes.

Umbral tiene que justificar, naturalmente, el título de su ensayo, tan llamativo, tan retador, y lo hace al andar, con una insistencia que delata lo arriesgado del compromiso y, quizá, cierta inseguridad al afrontarlo (inseguridad no incompatible, hay que decirlo, con la autosatisfacción que a veces asoma en estas páginas cuando proclama ser el primero en haber identificado tal o cual rasgo lorquiano, tal o cual matiz significativo, y arremete contra los «exégetas» oficiales u oficiosos del poeta que demuestran, con su torpeza, que «todos somos ciegos en la vida intelectual española, sin un mal tuerto que nos reine»). Él, de todas maneras, tiene una cosa clara: no se va a ir aproximando al Lorca profundo —al Lorca maldito, heterodoxo sexual en una sociedad altamente intolerante, constreñido a vivir disfrazado, «desdoblado»—, por la vía de la biografía externa, por la vía de la anécdota. No, buscará al Lorca de verdad exclusivamente en su obra (con alguna mínima concesión), y ello porque al creador que no puede vivir su vida abiertamente no le queda más remedio que expresarla, y volver reiteradamente a ella, en su creación. En el caso del andaluz a través de sus personajes femeninos. «Si Lorca nos ha dejado en su teatro tan valiosas figuras de mujer —nos asegura Umbral, rotundo—, no es porque las haya observado en la vida con mirada de hombre, sino porque se ha metido dentro de ellas para mirar al hombre.» En otro momento añade: «Lorca es un poseso de las heroínas que crea, de las mujeres que *imita* en su teatro... se deja *poseer* por un espíritu de mujer en celo.»

Juicios así no los había emitido nadie antes. Había que esperar a que llegara Umbral.

Lorca, poeta maldito. Estamos, claro, con la literatura francesa, «decadente», «simbolista»: con Baudelaire, «el primer gran rebelde de nuestra civilización y nuestra cultura occidentales» (genial de toda genialidad, añado yo, el título de su poemario *Las flores del mal*), Lautréamont, etc., y, sobre todo, con Paul Verlaine, no sólo maldito él mismo sino autor del opúsculo *Les Poètes maudits*, publicado en 1884, que puso en circulación la etiqueta (con Rimbaud entre el elenco). El introductor de Lorca en aquel mundo, sugiere Umbral, sin desarrrollar la intuición, fue Rubén Darío, que conoció personalmente a Verlaine y era él mismo, en frase del ensayista, «un posible poeta maldito» (por, entre otras razones, su complejo de feo, su furor sexual, su esoterismo, su dipsomanía y su «desdoblamiento perpetuo entre lo apolíneo y lo dionisíaco»). Hoy sabemos a ciencia cierta que Darío, muerto prematuramente en 1916, fue el «maestro» de Lorca, maestro de poesía y maestro de vida. Y sabemos —Umbral no— que el joven Federico devoró, como lobo famélico, *Los raros*, colección rubeniana de breves y entusiastas semblanzas de escritores bohemios, rebeldes y pintorescos del novecientos francés, entre ellos Camille Mauclair, Leconte de Lisle, Verlaine, Villiers de L'Isle Adam, Jean Richepin, Lautréamont y Rachilde (con, además, unas páginas dedicadas a Poe, Ibsen, el portugués Eugénio de Castro y el médico húngaro-alemán Max Nordau, flagelador despiadado de los «decadentes» finiseculares en su celebérrimo libro *Entartung* (*Degeneración*). *Los raros* influyó poderosamente en la sensibilidad del joven Lorca, fue un encuentro que le marcó la vida con sello indeleble, confirmando la impronta ya recibida de los versos del nicaragüense. «Por sus influencias los conoceréis», nos asegura sabiamente Umbral, adaptando la indicación evangélica, antes de explicar que sólo somos receptivos a lo que nos es constitutivamente afín. Tal afinidad es la que hubo entre el Lorca que empezaba y el Darío a quien ya le quedaba muy poco tiempo. Umbral se da cuenta sin tener toda la información. Y uno de los grandes aciertos del ensayo es señalar que quizá la más llamativa afinidad que unía a ambos era el ya mencionado desgarro entre lo apolíneo y lo dionisíaco, sine qua non del maldito, en permanente lucha consigo mismo, en permanente trance de desdoblamiento, y, a menudo, en permanente necesidad de ocultar su yo más profundo a los ojos ajenos y casi a los propios.

Umbral se cuida mucho de proclamar, sin ambages, que Lorca es homosexual. Tenemos que recordar el momento en que escribe. No estaba todavía en uso la palabra gay, hoy universal, y para las familias tener entre ellos a un *maricón* era todavía un baldón casi insoportable (por cierto, ¡qué país éste con sus *mariconadas* y *putadas* y, quizá sobre todo, sus *putamadres* como cifra de lo más apetecible!). «Heterodoxia sexual» prefiere llamar Umbral en primera instancia la condición que encarna (y padece) Lorca. Luego aboga por «pansexualismo» («Creemos que pansexualismo, y no homosexualismo, es la palabra necesaria para entender la libido lorquiana»). Pero defínase como se defina la misma, «no hay posible integración del individuo cuando el individuo vive una tragedia sexual íntima», cuando lleva dentro un secreto que no puede revelar a nadie y apenas a sí mismo. O sea, cuando el suyo es «el amor que no se atreve a decir su nombre» —según la consabida definición de Lord Alfred Douglas, que algo sabía del asunto—, sea la que sea la configuración que tenga.

Así las cosas, no es sorprendente que Lorca defienda, cante y se identifique con las «tres razas postergadas de nuestra civilización», como las llama Umbral: los gitanos, los negros y los homosexuales. Ni que sea un creador muy atento a sus sueños, a su vida subliminal, al «onirismo». «Esta capacidad de Lorca para galvanizar los sueños es reveladora —señala— de su vivir entre dos aguas, entre el realidad y el misterio.» Cierto, ¿no había afirmado el poeta que «sólo el misterio nos hace vivir, sólo el misterio»? Lorca, sigue Umbral, tiene «naturaleza anfibia», se mueve constantemente entre lo consciente y lo inconsciente. Es lunar, telúrico y enduendado, como lo vio Vicente Aleixandre, con quien Umbral tiene un detalle estupendo. Y es que, al final de su ensayo, declara que, en realidad, todo lo que ha venido diciendo en *Lorca, poeta maldito* estaba ya, magistralmente, en la página y media dedicada por el sevillano a Federico un año después de su asesinato e incluida al final de la edición Aguilar a modo de «Epílogo».

No me extenderé mucho más. Acabo de releer detenidamente este ensayo. Me ha vuelto a fascinar. Y he podido comprobar hasta qué punto ha influido en mi propia manera de entender al genial granadino, hoy el poeta español más famoso de todos los tiempos. Quizá el apartado que más me ha llamado la atención es el que dedica Umbral (son unos párrafos, no un capítulo) al tema de la envidia. «El español envidia al prójimo como a sí mismo», nos asegura, dándole otra vuelta al Evangelio. Es lo que han asegurado Unamuno y otros. Dalí, en su *Vida secreta*, deja constancia de que la única persona capaz (hasta la fecha) de hacerle padecer la envidia fue el Lorca socialmente brillante de sus compartidas noches madrileñas. Y, ¿podemos dudarlo?, el poeta se sabía objeto de envidia, por sus múltiples dones, en el país que, por ella (según Umbral) dejó a Galdós, ¡a Galdós!, sin el Premio Nobel. Lo sabía, y también que la envidia, cuando puede, mata —disfrazada de odio—, que es lo que le pasa a su Antoñito el Camborio, asesinado por sus primos. Umbral se estremece ante la evidencia de lo que le dice Antoñito a su creador: «Lo que en otros no envidiaban / ya lo envidiaban en mí. / Zapatos color corinto, / medallones de marfil, / y este cutis amasado con aceituna y jazmín.» Hoy sabemos que, entre quienes acabaron con el poeta, figuraban, precisamente, unos primos suyos de la Vega de Granada adscritos a la CEDA de Gil Robles.

A lo largo de su ensayo Umbral va dejando caer frases que hacen que uno se pare en seco: «Rosita también vive en celo continuo. Esta Rosita es una Yerma de cachiporra», «Hemos dicho que es tragedia lo que acaba mal. Las tragedias de Lorca acaban en el Mal», «Los husmos del macho, perseguidos por la hembra hambrienta, impregnan intensamente la obra» (*La casa de Bernarda Alba*), «Lorca cuidará siempre de guardar las apariencias», «Alberti es un Lorca sin drama personal, y no hay gran obra sin drama personal», «Lorca es un rebelde sin causa o con causa», «Lorca, a lo largo de la casi totalidad de su obra, es un poeta erótico; casi nunca un poeta amoroso»... Se podría hacer de ellas una antología.

Y si Umbral sabe plasmar su pensamiento, sus *aperçus,* en frases contundentes que se clavan en la memoria, no es menor su talento para entresacar las de Lorca, en verso y prosa. ¿Qué poeta, antes o después, ha dicho tantas cosas tan *memorables*? Tal vez sólo Shakespeare. «Y esta angustia mía, / para hacerla viva, / ¿he de decorarla / con rojas sonrisas?»; «los remotos países de la pena»; «las últimas habitaciones de la sangre» (donde hay que despertar al duende); «llegan mis cosas esenciales / son estribillos de estribillos»; «Granada es como la narración de lo que ya pasó en Sevilla»...

Tengo que decir que, quizá víctima él mismo de tanta ofuscación al respecto, o por prudencia —hay que recordar otra vez que estamos en 1968—, Umbral tiende a infravalorar el compromiso político del poeta y el odio con que era visto por «el otro bando». «En esa conciencia de la neutralidad o inocencia de Lorca —escribe— vivían todos en torno a él, e incluso él mismo.» No creo que así fuera. Había ofendido profundamente a las derechas con su obra (sobre todo *Yerma*), había firmado el manifiesto del Frente Popular y, en los meses siguientes, otros de carácter explícitamente antifascista. Además había dicho en un lugar muy conspicuo (*El Sol*), en vísperas de la guerra, que Granada no sólo tenía «la peor burguesía de España» sino que ésta ya «se agitaba». De neutralidad, pues, nada. Todo ello sin tener en cuenta su condición de homosexual, aludida con frecuencia, y con sorna, en la prensa de los enemigos de la República. De producirse un golpe fascista en absoluto estaría a salvo Federico García Lorca.

Umbral no podía conocer las obras completas del poeta, ya lo hemos señalado. Si hubiera tenido acceso a la *juvenilia* se habría dado cuenta, seguramente —como lo ha hecho posteriormente, en primer lugar, Eutimio Martín—, de la profunda identificación con Cristo que allí se revela. Con el Cristo amigo de todos los que sufren, que cura y consuela, que ama a los niños. Con Cristo, sí, pero en absoluto (como sabe el ensayista) con el Dios del Antiguo Testamento, allí rechazado con vehemencia.

Pero basta de comentarios, lo que tiene que hacer ahora el lector (y lectora, perdón otra vez) es internarse en este ensayo, dejarse llevar e ir formando su propia opinión del mismo, siempre teniendo en cuenta su fecha de publicación. Le aseguro que aprenderá mucho durante el trayecto, no sólo acerca de Lorca y su mundo, sino de España y, por qué no decirlo, del propio Francisco Umbral, aunque sea entre líneas.

IAN GIBSON, *Madrid, octubre de 2011, esperando con el Lorca neoyorquino que la Bolsa sea pronto «una pirámide de musgo»*.

(Lorca, poeta maldito. Ya sé que el enunciado es escandaloso, sorprendente, inexacto, quizá. ¿Inexacto? Para probar su exactitud, precisamente, voy a escribir este libro. Lo que dicho enunciado tenga de alarmante, en principio, nace de dos circunstancias a estudiar: la primera de ellas es que la literatura española, la poesía española, no tiene poetas malditos; la otra circunstancia no es sino la circunstancia misma, personal, del propio Federico García Lorca; es decir, su vida, que, según los clisés que se han ido superponiendo, no corresponde exactamente a lo que se viene entendiendo desde el siglo XIX para acá por poeta maldito. Examinemos ambos supuestos.

Quizá el primer escritor europeo a quien puede rotulársele como maldito es François Villon. Villon es un maldito anterior al concepto de «maldito», concepto decimonónico, romántico, como sabemos. Hasta el siglo XIX, el artista había sido una criatura decorativa de la sociedad, un dios menor en quien las aristocracias, de vuelta de los dioses mayores, creían o fingían creer. Tras la Revolución francesa, el artista y el poeta empiezan a encontrarse incómodos en las nacientes sociedades burguesas, que no necesitan de ellos para nada, aunque, nostálgicas de lo que han derrotado y derrocado —como el vencedor es siempre nostálgico de lo que vence o del vencido—, aún continúan o creen continuar unas vigencias artísticas y se obligan a un gusto por lo estético que no es sino simple mimetismo, cada vez más desganado y con desgana menos disimulada, del gran arte de las antiguas élites. Y es ya en el XIX, en el siglo de las revoluciones sociales e industriales, en el siglo de la beatería científica, cuando el artista se encuentra declaradamente al margen de la poderosa sociedad sin rostro.

Esta jubilación del intelectual y el creador, jubilación sin retiro y sin agradecimiento ni siquiera formulario de los servicios prestados, dará lugar a dos actitudes contrapuestas, de las que arranca todo el arte moderno. Por un lado, el creador levítico, el que quiere subsistir, reabsorberse en el orden nuevo, el converso a la nueva religión de los pragmáticos, decidirá que bien se puede volver por la puerta de servicio al confortable palacio de donde se salió por la puerta grande. E, incluso, puede que se sienta efectivamente ganado por la mística de la máquina, la política y la sociedad. Converso de conveniencia o de buena fe, este artista dará lugar a todo lo que luego se ha llamado arte burgués. A saber, el neoclasicismo, la pintura impresionista, las odas cívicas de nuestro Quintana (ejemplo máximo de anti-poeta maldito), la música de Strauss y toda la literatura y el teatro de costumbres. El artista ya no es ni siquiera un dios menor, pero es un sentimental que cose para fuera y cuando puede —que casi nunca puede— barre para dentro. La sociedad burguesa le paga para sentirse un poco más selecta o, sencillamente, para distraerse a ratos de su ajetreado tejer y destejer lo que luego habría de llamarse estructuras capitalistas.

Frente a lo que llamo «arte converso» está el arte rebelde, que tiene como situación-límite, como tipo-frontera, al poeta maldito. Se trata del artista que, decidido a no servir más a señor que se le pueda morir, decide hacer su arte contra la sociedad o al margen de la sociedad. Esta distinción, «contra» y «al margen», genera a su vez dos tipos de creación, dos familias de creadores: al margen de la sociedad trabajan Marcel Proust, los poetas ingleses, Paul Valéry, Saint-John Perse, casi todos los poetas españoles contemporáneos de Federico García Lorca... El arte al margen, que después se llamaría «de evasión», degenera casi siempre en esteticismo, exquisitez, minoritarismo críptico y un estéril y «danunzziano» «morir por epatar», que más bien pudiera trocarse en «epatar para no morir». Contra la sociedad trabajan los anarquistas y los poetas malditos. El anarquista es una fuerza centrífuga de pistón puramente político que no nos interesa estudiar ahora. El poeta maldito es una fuerza centrípeta que se diferencia del anarquista en que no destruye o trata de destruir a la sociedad, sino que se destruye a sí mismo. Frente al mal como purificación, que es el anarquismo, está el mal por el mal, que es la mística explícita o implícita de los malditos y que más tarde razonaría André Gide —un maldito sin nervio ni clima para serlo, un maldito tardío— como «acto gratuito».

El poeta maldito, así, viene a ser un desarraigado, un desclasado, un ser que sufre complejo de autodestrucción y que hace de ese complejo y esa autodestrucción su obra de arte. Un tipo radicalmente nuevo, nacido del Romanticismo, aun cuando tenga algún precedente solitario, como el ya citado de Villon. El maldito es, con respecto a sí mismo, un tarado en algún sentido, y, con respecto de la sociedad, una fuerza disolvente, aunque, como ya hemos dicho, esa fuerza sea centrípeta y afecte al propio individuo más que a su contorno, lo que viene a identificar al maldito con el suicida. Pero la autodestrucción es un suicidio con cámara lenta, y esto permite al maldito hacer su obra, casi siempre apresurada, iluminada por relámpagos y potenciada un poco artificialmente por esa dirección mortal que el autor imprime en toda ella consciente o inconscientemente, hasta terminarla de una manera violenta o dejarla inacabada, pues el suicidio de la obra de arte no está en cómo termine, sino precisamente en no terminar.

Si en todas las sociedades de Occidente el inadaptado —que decimos hoy— había sido automáticamente reducido de condición, y la máxima gloria del artista estaba en adaptarse a su tiempo o hacer que su tiempo se adaptase a él —lo que a nuestros efectos viene a ser lo mismo—, he aquí que a partir del siglo XIX nace una raza de grandes inadaptados que hace precisamente de su inadaptación una mística y una estética. Ha nacido el arte maldito. Su nómina es tan obvia como impresionante: Baudelaire, Verlaine, Rimbaud, Artaud, Allan Poe, Dylan Thomas, Maiakowski... en la poesía. En la pintura, Van Gogh, Toulouse-Lautrec, Modigliani, Gauguin... En la música... La música, quizá, no tiene otro maldito que Federico Chopin. Por lo que se refiere a España, ya hemos dicho que es un país sin malditos, y ahora trataremos de entender por qué. En todo caso, como posibles malditos pictóricos están Goya y Solana. Como posibles malditos literarios, Quevedo, Larra, Valle-Inclán. Y Lorca.

¿Por qué es España un país sin poetas malditos, por

qué lo es nuestra literatura? La estructura de la sociedad española, carente de resonancias, mediatizada por lo religioso, por los tabúes del honor y la honra, por los atavismos más que por las creencias, no parece propicia a la disparidad ideológica. No es suficientemente fuerte como para soportar en sí los anticuerpos que son los malditos. Y como no podría soportarlos, no los produce: es casi una ley biológica. Por otra parte, las revoluciones y reformas del mundo han llegado aquí asordadas, con lo que, al perder virulencia, tampoco han engendrado una respuesta tan fuerte como la que supone, por ejemplo, el poeta maldito. El artista, en nuestra sociedad, nunca ha sido tan endiosado como en otras; y, compensatoriamente, a la hora del desahucio, también se siente menos desahuciado. La plena ejecutoria de lo pragmático, tan vigente en el mundo desde el siglo pasado, aún no ha llegado entre nosotros a sus últimas consecuencias, y, en la medida en que seguimos viviendo de valores entendidos que ya nadie entiende en el mundo, seguimos respetando —o ignorando— ese valor entendido que en fin de cuentas era y es todo arte.

Bien sé que sigue sin respuesta definitiva, a pesar de lo dicho, mi propia pregunta de por qué es la española una literatura sin poetas malditos. Pero no es esto lo que mi libro va a tratar de aclarar y, por otra parte, quizá ello se aclare solo estudiando el caso de ese posible y genial maldito que fue o pudo ser, para su ventaja o desventaja, el gran Federico García Lorca. Federico García Lorca, a quien su vitalismo andaluz ha hieratizado en un busto sonriente de señorito andaluz listo, reúne en sí tres condiciones clave del creador maldito: arraigo estético y humano en los poderes demoníacos o, cuando menos, daimónicos, como le gustaba decir a Goethe; heterodoxia sexual y muerte trágica y prematura.

Sobre la historia entera del arte y la cultura de la humanidad cae un doble rayo de luz y sombra. Del lado de la luz están los creadores que han aspirado a un orden, a un redondeamiento del universo, que han creído en la armonía de las esferas o han necesitado inventarla: Platón, Goethe, Bach. Del lado de la sombra están los creadores que han entendido —o no entendido— el mundo como caos, como desorden, como contingencia: Heráclito el Oscuro, Beethoven, Sartre. Esta división casi escolar entre el mal y el bien como fuerzas actuantes y como concepciones del universo, esta elemental y necesaria elucidación entre lo apolíneo y lo dionisíaco, puede dar lugar a unas subteorías étnicas o geográficas que, al margen de las históricas, tan debatidas, nos harían entender, por ejemplo, cómo Andalucía —para traer las cosas ahora y ya al ámbito concreto de este libro— es tierra y alma esencialmente dionisíaca. Andalucía vive de conjurar lo oscuro, lo telúrico, de provocar el misterio, la magia. Andalucía, como toda región y raza muy religiosa, vive del demonio, que familiarmente ha llamado «duende».

El duende andaluz, el duende de Federico García Lorca, no es sino una forma convencionalmente simpática de lo luciferino. Andalucía es Federico y Federico es Andalucía. Andalucía y Federico, entre tanta luz del Sur, viven de la sombra.

La heterodoxia sexual —lo que más tarde llamaré pansexualismo de Lorca—, le sitúa radical y hondamente —y secretamente— al margen de la sociedad en que vive, de su sociedad, aun cuando él haya sido biografiado como criatura eminentemente sociable. No hay posible integración del individuo cuando el individuo vive una tragedia sexual íntima.

Y, finalmente, la muerte trágica y prematura del poeta viene a subrayar, siquiera sea anecdóticamente, pero de modo brutal, su destino de maldito.

Así pues, si aceptamos los condicionantes previos que autorizan a entender la obra y la vida de García Lorca como la de un posible poeta del mal o poeta maldito, veamos esquemáticamente de qué modo su trayectoria vital corresponde a esa figura. Basta para ello con apuntar que Lorca es el cantor de las tres grandes razas postergadas de nuestra civilización: los gitanos, los negros y los homosexuales. Lorca, en Granada, está con los gitanos frente a la Guardia Civil, frente al orden establecido. Lorca, en Nueva York, está con los negros, está con Harlem frente a Wall Street. Lorca, en su «Oda a Walt Whitman» y en sus *Sonetos del amor oscuro*, libro póstumo, mítico e inédito, canta a la pasión que no se atreve a decir su nombre. Lorca es, radicalmente, un hombre en contra. Nada, pues, de voluble señorito andaluz que toca el piano y escucha la guitarra. Y, como constante de su dolorido sentir, la pena, manadero de toda su obra, incluso de la más ingenuista o traviesa. Lo que el duende es a lo demoníaco —reducción, graciosa minimización andaluza, diminutivo del mal—, es la pena a la angustia. El duende como dinámica y la pena como mística de un poeta de lo oscuro. ¿Demasiado esteticismo en todo ello? El esteticismo es, precisamente, la gran denuncia y el gran pecado del maldito. Un encadenamiento a la belleza, que es el más terrible y doloroso de los encadenamientos. La belleza como culto es ya un culto maldito.

En este libro trato de ir dibujando los puntos vividos donde se denuncia, a lo largo de toda la obra de Lorca, su condición de maldito. Y hablo sólo de la obra, porque obra tan reveladora ha de revelarnos al hombre y su vida.)

1

DIBUJO BIOGRÁFICO

No va a seguir este libro una línea biográfica, ya que no se trata de ilustrar con la viñeta de la anécdota la teoría del posible demonismo lorquiano. En primer lugar, porque el anecdotario externo de García Lorca no corresponde, efectivamente, al de un maldito. Y, además, porque si hay otro anecdotario más íntimo y revelador, no es nuestro propósito investigar en él morbosamente, sino que preferimos darlo por supuesto, atendiendo mejor, como queda dicho en el paréntesis inicial, a los síntomas de la obra, pues sólo nos interesa el caso de un maldito en cuanto que lo sea en función de su obra —o en su obra en función de él—, en cuanto que, queremos decir, ese hombre perdido se haya salvado en lo que escribió, pintó o compuso.

No se trata, pues, de rebuscar en las traperías de la Historia, sino más bien de estudiar la literatura maldita como singular fruto de la creación humana y, sobre todo, de estudiar cómo un hombre puede hacer de su perdición su propia salvación, al convertirla en obra de arte. Incluso el arte de la más absoluta negación —y no es el caso de Lorca, por cierto—, como los dibujos de Goya o las novelas de Sade, se convierte en grandiosa afirmación al ser eso, obra de arte, riqueza que se incorpora al acervo de la cultura. El inmenso cuerpo de la cultura puede asimilarlo todo, y como nada le mata, todo le hace más fuerte, más vario, más sugestivo.

Uno piensa, por otra parte, que el arte es la única forma de salvación individual posible, y el caso de los malditos viene a probar hasta qué punto esto es así. Todos los postulados del arte social de nuestro tiempo son válidos, a condición de que se cambie el plural por el singular. El arte debe ser un instrumento de redención, efectivamente. Pero de redención del propio artista. Todo lo demás son líricas utopías. Nunca un libro ni un cuadro han salvado a nadie, como no sea al autor. El arte y la cultura se justifican por sí mismas o no se justifican. Su grandeza está precisamente en su inutilidad respecto de los intereses y los problemas inmediatos del hombre. Poner el arte al servicio de algo —de la política, de la sociedad— es convertir el arte en un menester subalterno. Traicionar a la sociedad y traicionar al arte. Y la respuesta más exasperada a esta actitud es precisamente el poeta maldito, que de algún modo es sensible a esa dramática inutilidad y la siente como una maldición: «Estamos de más por toda la eternidad», ha escrito Sartre, un maldito que se ha salvado —o se ha perdido— por la razón, como otros se pierden o se salvan por la pasión.

Entendido esto así, nos interesa una obra —la de Federico García Lorca— por sí misma y porque en ella se salva un hombre, aun siendo la obra de un hombre abocado a perderse, con lo que en ella están —de ahí su interés apasionante— perdición y salvación de una criatura singular. Y la vida nos interesa menos, pues que la vida queda asumida por la obra, y nunca puede ser al contrario, si aceptamos que la vida es mera exterioridad y la obra, en cambio, la única interioridad posible de esta vida, en el sentido de que en la obra se fija y recoge por medio extranatural —el arte y la cultura son extranaturales— lo que de otro modo se perdería en el repertorio de lo meramente biológico o existencial. De lo natural. Sin embargo, vamos a esbozar un dibujo biográfico de Federico García Lorca para, yendo de la vida a la obra, quedarnos más y mejor definitivamente asentados en ésta, cumplido el trámite previo del repaso cronológico, que sólo puede ser eso, dibujo, mientras no cobre relieve con la carne y la sustancia del trabajo cumplido por el poeta.

Nace Federico García Lorca en Fuentevaqueros, Granada, en 1898, y muere trágicamente en 1936, al iniciarse nuestra guerra civil. Estudia Filosofía y Letras, y Derecho. En 1919 llega a la Residencia de Estudiantes de Madrid, donde vive hasta 1928. De entonces data la imagen del Lorca señorito madrileño-andaluz, que toca el piano, canta, compone poemas, recita, improvisa, divierte y sorprende a sus compañeros residentes. Ya hemos visto y seguiremos viendo hasta qué punto es ineficaz esa imagen a efectos de un entendimiento profundo del poeta. En 1930 hace un viaje a América. El fruto de ese viaje es *Poeta en Nueva York*, donde el lírico andaluz y musical, acunado por Falla y Juan Ramón, se revela y rebela de pronto como un gran inconformista social y como un poeta de vanguardia surrealista. *Poeta en Nueva York* es libro que puede por sí solo borrar al Federico fácil que todavía quiere presentársenos. Porque no vale entender este libro como un capricho o una rareza de folklórico voluble. *Poeta en Nueva York* tiene su precedente y su hermano gemelo en el *Romancero gitano*. Son libros gemelos donde se cantan dos razas malditas. Sólo les diferencia entre sí la forma. (Que tampoco es tan dispar, salvada la métrica.) Nadie ha establecido este paralelismo, que yo sepa, y esto me parece incomprensible. Pero de él trataremos en su momento.

Instituida la República española, García Lorca funda La Barraca, pequeño teatro universitario que llevará por España *Fuenteovejuna*, *La vida es sueño*, *El burlador de Sevilla*... La preocupación social de este empeño es tan obvia que uno, temeroso siempre de haber sido tocado con lo que llamaré, parafraseando a un poeta contemporáneo, don de la obviedad, no se atreve a insistir en ella. Pero también parece suficiente para desmentir la supuesta frivolidad de Lorca. Por otra parte, es típica del maldito esta etapa previa de revolucionario —siquiera su sola arma sea el arte—, que incluso puede acompañarle durante toda la vida, pero que en realidad esconde una insatisfacción más profunda que la meramente social. La esconde y la revela o la distrae y engaña.

Consagrado como poeta con el *Romancero gitano*, Lorca se vuelve hacia el teatro y estrena en Madrid *Bodas de sangre*. La temática de su teatro, de fuerte impregnación sexual, y el lirismo de la forma, fracasan frente al público madrileño, habituado al sonsonete campoamorino de los filosofemas de don Jacinto Benavente, regalado por la gracia hortera del género chico. De entonces data la frase de Federico en respuesta a quien le aconseja paciencia y le augura que el público de Madrid acabará yendo a su teatro: «Sí; pero me temo que vengan de uno en uno.»

En los años 1933-1934, Lorca acude a Buenos Aires y allí pronuncia conferencias sobre poesía y dirige *La dama boba*, de Lope. De regreso a España, Margarita

Xirgu estrena su *Yerma*, donde se ahonda y afina la temática sexual de *Bodas de sangre*. Un año más tarde es el estreno de *Doña Rosita la soltera o el lenguaje de las flores*.

La casa de Bernarda Alba, su última creación teatral, fue estrenada en Buenos Aires después de su muerte, también por Margarita Xirgu. En *Bernarda Alba*, obra perfectamente cuadrada, está ya explícito el grito sexual de un cuerpo reprimido, junto a la muda crítica de la España sempiternamente inquisitorial. España es Bernarda Alba, pero Federico no escapará al trabucazo de Bernarda Alba, como escapó Pepe el Romano.

En *Federico en persona*, Jorge Guillén nos facilita las cartas cruzadas entre él y García Lorca. Éste parece acogerse a la amistad de Jorge Guillén, entre todos los compañeros de grupo o generación, buscando, quizá, al mentor más autorizado y adulto, al amigo-padre, más cerca de sus inquietudes, sin duda, que su padre verdadero, el buen cortijero don Federico. Federico es un niño. Niño por poeta y por desvalido, por desconcertado ante el mundo, por desorientado entre la vida. Lo que más tarde ha de convertirse en la inadaptación trágica del hombre aparte, puede empezar siendo desvalimiento casi infantil. Por estas cartas de Lorca a Guillén —a un Guillén ya profesor y prematuramente adulto en vida y obra—, vemos que el granadino está inseguro de todo: de sus versos, de su teatro, de su porvenir, de su vida. Y los momentáneos arrebatos de autoentusiasmo no hacen sino corroborar esta inseguridad. No. Federico no es el ser potente y pleno, seguro, la criatura afortunada que alguien ha efigiado superficialmente. Jorge Guillén, en su ensayo biográfico de *Federico en persona*, parece poner el énfasis en la naturalidad, la sencillez, la verdad clara de Lorca, frente a la leyenda de gitanería, que en la correspondencia entre ellos queda refutada por ambas partes. Pero Guillén —máximo optimista— no ahonda en esa inseguridad de Federico, tan alarmante en un superdotado. Su amigo andaluz le pide orientación para hacer unas oposiciones, para convertirse en catedrático, como el propio Guillén, como tantos otros de aquella generación de poetas-profesores. Su familia le insta a hacer algo práctico. Eso que las familias entienden por algo práctico. Y llega a la anécdota conmovedora de comprarse un fichero. En su fichero de imposible erudito trata de amortajar, sin saberlo, al poeta que única y dramáticamente es. Naturalmente, los proyectos no pasan de ahí. El fichero quedará por siempre vacío de fichas. También somete Lorca al juicio de Guillén sus versos recién escritos, sus proyectos literarios, todo. Hay, pues, en la juventud creadora del poeta un clima de temblor que desmiente secretamente su aureola exitante.

Guillén, ya está dicho, toma de este Federico temprano la luminosidad juvenil. Mi maestro Gerardo Diego, por su parte, en poemas y conversaciones, nos ha confiado algo de su memoria de Lorca, de su desenvuelta manera y su echar la ceniza del cigarro por encima del hombro, que es una observación muy gráfica del poeta plástico que es Gerardo Diego. Y así podrían irse añadiendo testimonios, desde estos de primera mano y calidad, hasta los más íntimos, y todos los cuales han ido tejiendo el tapiz humano, biográfico y anecdótico del Federico exultante, tapiz que ha venido a enriquecerse con un entendimiento frívolo de su poesía como poesía sensual, colorista, folklórica, graciosa, genialoide, y basta.

Sabemos, sin embargo, y vamos a tratar de probarlo, que no es así, que nada es así, sobre todo por lo que respecta a la obra, que supone siempre el auténtico vaciado literario de la personalidad de un escritor. Federico no pisa seguro en la vida, Federico no es un triunfador, Federico tiene sus dudas, sus indecisiones, sus miedos. Federico es un joven inseguro, una larva de inadaptado. Se dirá que esto parece natural a cierta edad, incluso en el genio. Y así es. Pero cuando la obra y la actitud posteriores vienen a ahondar esa tierna inadaptación juvenil, haciéndola definitiva —aunque casi siempre secreta en el caso del sociable Lorca—, hay que tomar tal inadaptación más en serio de lo que se toman las veleidades de los veinte años. En todo caso, si traemos aquí el testimonio de ese Lorca incierto es sólo para refutar aquel otro testimonio —frívolo, sí— del Lorca de una pieza.

Vicente Aleixandre, en cambio, nos ha dado la más compenetrada, verdadera, alucinante y sugeridora visión de García Lorca al presentárnoslo, en una estampa en prosa que es un poema, asomado a los altos barandales de la luna, trágico y sonámbulo. Todo muy literario, sí; pero la literatura es la naturalidad de los seres eminentemente literarios. Así, por identificación, mediante el conocimiento noético de la poesía, Aleixandre llega al corazón de un Lorca más verdadero que el esculpido por el tópico, aun cuando se trate del tópico erudito, responsable, connotador y razonador.

Mas ya tenemos, sin quererlo, al poeta situado entre sus compañeros de generación. Prosigamos el enfrentamiento con algunos de ellos. Este enfrentamiento puede ser revelador en cuanto a la personalidad a estudiar, y nos dará, de paso, la clave de la superioridad de Lorca, el secreto de por qué él se ha universalizado entre una generación de grandes poetas. Discípulo en cierto modo del andalucismo juanramoniano, Lorca se diferencia radicalmente del maestro en que éste aspira a la belleza absoluta, a la perfección absoluta, y la perfección absoluta es tan desconcertante como el caos. Por eso Lorca, caótico, no puede entenderla, y complica su obra con elementos dramáticos, telúricos, mágicos, y vive presidido por el *daimôn*. En cuanto a su contemporáneo y paisano más afín, Rafael Alberti, el enfrentamiento puede ser revelador como ninguno. Ambos se nutren del conceptismo, del cultismo, del neogongorismo. Pero lo que en Lorca se tiñe de sangre, en Alberti se colorea de acuarela. Ambos buscan la gracia del pueblo andaluz; pero Lorca, buscando la gracia del pueblo, encontró su pena. Alberti se quedó, se queda y se quedará en la gracia. Es toda la diferencia. Alberti, pese a su comunismo, sí es un señorito andaluz que hace buenos versos. Lorca, pese a su señoritismo andaluz, es un poeta que hace versos geniales. Alberti es un Lorca sin drama personal, y no hay gran obra sin drama personal. Alberti y Gerardo Diego son, quizá, los máximos virtuosos del verso español contemporáneo, pero son dos poetas sin problemática, y esto les priva de velocidad para proyectarse en el tiempo. (La problemática política de Alberti es tardía, extensa, adquirida, y, aun con toda su honradez y veracidad, que no vamos a debatir ahora, nada tiene que ver con una problemática existencial profunda.)

Por lo que se refiere a Vicente Aleixandre, acabamos de fijar su honda identificación con el mundo de García Lorca; pero Aleixandre, sin caer en la gratuidad de Alberti y Gerardo Diego, es también un poeta de la poesía que, si bien en muchos de sus poemas llega a tocar la pulpa misma de lo cósmico, casi nunca ha entrado en conflicto verdadero —poéticamente, digo— con el mundo. El único poeta de esa generación enfrentable a Lorca por su dimensión existencial es Luis Cernuda, posible maldito —insociabilidad, desarraigo, escepticismo, heterodoxia sexual, soledad—, a quien su sentido moral salva o priva de serlo. Porque, efectivamente, Cernuda es un poeta moral y toda su obra no supone sino un largo y sostenido esfuerzo por justificar su pasión —lo que llamaremos «su pecado», para entendernos—, su heterodoxia sexual. Un largo y sostenido y admirable esfuerzo por adecuar el universo entero a su peculiaridad fisiológica y sentimental, ya que a él le es imposible adecuarse al universo.

Cernuda necesita una justificación, trata de crear un orden a partir de su singularidad insalvable, sueña utópicamente con una armonía en la que su cuerpo no disonase como disuena. Sueña con lo que, en palabras suyas, llamaremos «el acorde». En Federico, en cambio, nunca hay necesidad de justificación ni conflicto moral. Vive en conflicto y comunión con las fuerzas naturales, pero nunca con las exigencias morales, por muy altas que éstas sean. Maravillosa amoralidad de Federico, que se confunde ya con la pureza misma. Los niños son amorales. Sólo se es inmoral a partir de una conciencia de moralidad. Y podrá argüirse que esta ignorancia o indiferencia por el hecho moral no es característica definitoria del maldito, ya que Baudelaire —prototipo de esta clase de creadores— vive en continuo conflicto entre el bien y el mal. Mas no lo creo yo así. Las cartas de Baudelaire a su madre transportan mucho más complejo edípico que verdadera atrición. Y en cuanto a sus imprecaciones religiosas, su antiteísmo, no hay en ello sino la rebelión inevitablemente ingenua del primer gran rebelde de nuestra civilización y nuestra cultura occidentales. Lo que de ingenuidad encontremos hoy en el demonismo de Baudelaire nos lo da la falsa perspectiva del tiempo. En su momento, el hombre que estaba tratando de desembarazarse de una moral de siglos no tenía más camino que ése: luchar contra esa moral. El ignorarla ya, de entrada, sin trámite previo, es algo que no está en el decurso normal de la evolución histórica del pensamiento. Ni siquiera al genio puede exigírsele ese salto en el tiempo. Sólo el Marqués de Sade, anticipadamente, conoce y experimenta la gratuidad absoluta de la voluntad, y esa adivinación es tan excepcional, que sólo ella potencia la figura equívoca y la obra mediocre del inolvidable Marqués.

Es interesante, sí, el enfrentamiento entre Lorca y Cernuda. Desgajados de la ortodoxia cívica por igual peculiaridad sexual, Cernuda permanece todavía esclavo de la sociedad durante toda una vida, precisamente por su necesidad de justificación frente a esa sociedad que pretende despreciar. Lorca, en cambio, sociable y bien avenido con todo el mundo, con el «todo Madrid», con la gente, está lejos de ella con lejanía sideral por su limpia, pura y absoluta ignorancia de tales servidumbres, ya que su conflicto personal se plantea a un nivel mucho más profundo, a un nivel que, volviendo sobre la palabra tópica —no hay otra—, llamaremos existencial. Si la existencia es anterior a la esencia, según la filosofía de curso legal y actual, tenemos que Lorca vive en turbión de existencia, y Cernuda, en cambio, hace su poesía para depurar esencias en soledad. Por eso es un poeta culto, posterior a la existencia.

Por eso es un poeta frío, aun con toda la candencia de su drama. Por eso parece, como dijera Juan Ramón Jiménez con prodigioso alcance de crítico que va mucho más allá de lo estilístico, «un poeta traducido del inglés». A Lorca le atormenta la vida, que es manadero del hombre mismo. A Cernuda le atormenta la moral, que es una superestructura culta, una puesta en limpio de la vida.

Este enfrentamiento de Federico García Lorca con el grupo insigne de su generación nos lleva directamente al porqué de la universalidad del poeta, tan abrumadora para todos los otros. Descontadas las razones obvias de lo político, lo histórico, lo mítico —tan debatidas y enojosas—, parece indudable que Federico, de más fuerte personalidad humana y artística que todos ellos, había de imponerse en todos los sentidos y direcciones. Pero hay, yo creo, otro resorte de la universalidad de nuestro poeta, que está por encima o por debajo de su genialidad. Y me refiero a su españolismo.

España, un mito vagamente admirado y odiado en la historia de Europa y América, se convierte modernamente en un país exótico. Queramos o no, somos el exotismo de Europa. Interesamos como interesa el Japón. Tampoco hay necesidad de explicar aquí este exotismo, cuyas razones están tanto en la geografía como en la historia y a cualquiera se le alcanzan. Y por eso, por exóticos, interesan en el mundo Cervantes, Goya y Lorca. Porque saben a España, porque venden España. Hidalgos y bachilleres cervantinos, pueblo abigarrado de Goya, gitanos y toreros de Lorca. Ésa es la España que tópicamente interesa al resto de Occidente e incluso de Oriente.

Pero no nos rebelemos contra ese tópico. En primer

lugar, porque es un tópico culto, razonado, repensado continuamente en el mundo, y las verdades viven de eso, de ser repensadas constantemente. Cervantistas, hispanistas, estudiosos del arte, eruditos literarios, siguen fieles a estos nombres. Claro que hay en la Edad Media y en el Renacimiento españoles una literatura de tanto sabor peninsular como la de Cervantes, y aún más. Pero ahí está el secreto, en el «aún más». Mateo Alemán y Fernando de Rojas —el propio Lope— son demasiado españoles: localistas. Cervantes trasciende lo local a universalidad, según la vieja fórmula. Claro que hay costumbristas de lo madrileño más costumbristas que Goya; pero Goya trasciende el costumbrismo madrileño a universalidad, hace de las pobres meretrices del paseo del Prado encarnación misma del mal, y por eso llega a interesar tanto a Baudelaire, sólo a Baudelaire, cuando expone sus dibujos en París. Y luego, modernamente, cuando el color local se pierde y España quiere dejar de ser tan española para hacerse un poco o un mucho europea, Lorca vuelve por los fueros de lo hispánico —de lo hispánico trascendido—, y frente a sus contemporáneos y coetáneos en poesía y amistad —Aleixandre y Cernuda, europeizantes; Gerardo Diego, surrealista al margen; Guillén, intelectualizado; Alberti, localista—, inventa o reinventa la España trágica y tópica de verdad.

El que bajo este tópico cultural haya un tópico trivializado de turista y souvenir, que también ha contribuido a la difusión de Lorca, no quiere decir nada. La verdad que intentamos probar es que España —para suerte o desgracia de los españoles— sigue siendo un país exótico, y que Lorca no es famoso en el mundo sólo porque fue fusilado durante la guerra civil —su propio fusilamiento es un típico «caso español», como la guerra civil misma—, sino además, y sobre todo, porque sabe a España, porque —como ya hemos dicho— vende España. Porque es exótico. Y esto tanto en el sentido más superficial y cinematográfico de la palabra como en el más profundo que pueda proporcionarnos su semántica. Lorca es el nuevo poeta nacional, continuador también en esto de Lope —es decir, en esto y en no mucho más (lirismo dramático o dramatismo lírico, facilidad, etc.); nunca en lo esencial: Lorca es un maldito y Lope sólo un pícaro—, y «tardará muchos años en nacer, si es que nace, un andaluz tan rico de aventura».

A Lorca le fusilaron en compañía de dos amigos suyos, uno de ellos betunero. Aquel día Lorca llevaba un reloj de oro y un cinturón con hebilla también de oro. Parece ser que les fusilaron de rodillas y por la espalda, disparándoles a la nuca. Alguien se llevó el reloj de oro, pero nadie reparó en que la hebilla del cinturón era asimismo de oro. Y esa hebilla, luciente y gastada, será la única señal que permita afirmar un día, removiendo la tierra granadina: «Aquí está Federico.» Esa seña de oro, refulgente y enterrada, es la que quisiéramos encontrar ahora, removiendo la obra de García Lorca, como clave y dato precioso para poder decir: «Aquí está el hombre.»

2

EL DUENDE

La clave del posible demonismo —o daimonismo, si es que la otra palabra sobresalta demasiado— de Lorca está en «el duende». Federico García Lorca hace pública confesión de su enduendamiento en la famosa conferencia «Teoría y juego del duende», donde la teoría es ya barroco telurismo imaginero, y el juego, peligroso juego con la muerte misma. Porque no vale engañarse con esa minimización que el andaluz hace del mal, del demonio, de los poderes inarmónicos, de lo fatal, llamándole a todo ello duende. El duende es al demonio lo que el querubín al arcángel. El duende es al mal lo que el ángel al bien. La palabra duende, el concepto duende, es como una abreviatura, un diminutivo del mal, una caricatura que, de Andalucía para arriba, queda incluso graciosa, regocijante, ingenua, como un dibujo animado. Así, cuando se habla del «duende de la imprenta», ese que trama las más insalvables erratas. Pero cuando un andaluz dice «duende», en cambio, está diciendo algo muy grave, muy serio, muy hondo, que es exactamente lo que Federico entendía por tal y lo que trata de eludir —naturalmente, no lo consigue, no por falta de talento, sino por la naturaleza ineluctable del propio duende— en su famosa conferencia. Todo el poderoso tirón telúrico y nocturno de Andalucía lo ha resumido esa tierra en una palabra y en un personaje o personajillo que a los no andaluces nos hace sonreír o nos parece palabrería del Sur. Mas Lorca habla del duende como Baudelaire hablaba del demonio: sabiendo que no existe tal personificación, pero que con ella se simboliza y resume toda una mitad en sombra de la humanidad, la naturaleza y el mundo.

Cita Lorca en su conferencia —que glosamos aquí por lo que el duende tiene de introducción y emblema del mundo lorquiano— una frase de Manuel Torres, «el hombre de mayor cultura en la sangre», sobre Manuel de Falla, a quien acababa de escuchar su *Nocturno del Generalife*: «Todo lo que tiene sonidos negros tiene duende.» Sonidos negros. Lorca se entusiasma con ese hallazgo expresivo. Su poesía está llena de sonidos negros. En el Lorca colorístico del tópico sólo manda, de verdad, un color, que no es color: el negro. Él explica así los sonidos negros: «Son el misterio, las raíces que se clavan en el limo que todos conocemos, que todos ignoramos, pero de donde nos llega lo que es sustancial en el arte. Sonidos negros dijo el hombre popular de España y coincidió con Goethe, que hace la definición del duende al hablar de Paganini diciendo que tiene un poder misterioso que todos sienten y que ningún filósofo explica. Así, pues, el duende es un poder y no un obrar; es un luchar y no un pensar.» Un poder y un luchar. No un obrar —un querer— ni un pensar. Lorca niega todo fundamento racional al duende, al arte tal y como él lo entiende, lo siente, lo sufre, lo ejecuta, y subraya, en cambio, el poder y el luchar: lo irrazonado y lo conflictivo. Lo natural y lo dinámico. En su conferencia, Lorca está haciendo, quizá sin saberlo, confesión general, poética íntima. Él será siempre un artista de lo oscuro sin otro camino de comprensión y comunicación que el conocimiento noético. Él está irremediablemente ligado a las potencias sin nombre. Él no pertenece a las esbeltas fuerzas de lo apolíneo, sino a la turbia élite de lo dionisíaco.

Más adelante, en su conferencia, Federico distingue y diferencia al duende del «demonio teológico de la duda» y del diablo católico, «destructor y poco inteligente». La duda es razón y el diablo católico es, al fin y al cabo, un punto de referencia moral, el punto de referencia negativo. Ni lo racional ni lo moral interesan a nuestro poeta, según se evidencia en sus palabras y según habíamos anticipado en páginas anteriores. Añade él mismo que «todo hombre, cada escala que sube en la torre de su perfección —se refiere a la perfección artística— es a costa de la lucha que sostiene con un duende, no con un ángel, como se ha dicho, ni con su musa». El ángel, la musa y el duende. El ángel, evangélico o renacentista, carece para Lorca de misterio. La musa, alegórica y voluble, carece de entidad. Rehusando al ángel, Lorca rehúsa al bien. La disyuntiva se establecería, en todo caso, entre la musa y el duende. Yo pienso que la musa es la inspiración que viene de arriba y el duende es la inspiración que viene de abajo, desde las plantas de los pies, como dirá el propio poeta citando a un cantaor andaluz. Él desoye a la musa para entregarse al duende. «Ángel y musa vienen de fuera —afirma—. Al duende hay que despertarlo en las últimas habitaciones de la sangre.» El duende, en fin, es una borrachera de sí mismo: la forma más evidente de lo demoníaco, aunque Lorca no lo diga en su conferencia ni lo dijera nunca de modo tan expreso. (Tampoco a él le correspondía decirlo, ésa es la verdad.)

«La verdadera lucha es con el duende», dice y escribe el poeta en un solo renglón, en punto y aparte, como estableciendo el lema de su vida y de su arte. Tanto como decir que la verdadera lucha es con uno mismo. «Se saben los caminos para buscar a Dios —añadirá—. Para buscar al duende no hay mapa ni ejercicio. Sólo se sabe que quema la sangre como un tópico de vidrios, que agota, que rechaza toda la dulce geometría aprendida, que rompe los estilos, que hace que Goya, maestro en los grises, en los platas y en los rosas de la mejor pintura inglesa, pinte con las rodillas y los puños con horribles negros de betún.» El duende «viste con un traje verde de saltimbanqui el cuerpo delicado de Rimbaud, o pone los ojos de pez muerto al conde Lautréamont en la madrugada del boulevard». Ya no se trata sólo de Andalucía. Lorca, en su conferencia, enduenda también a Goya, como habíamos previsto, y se afilia implícitamente en la nómina de los malditos junto a Rimbaud y Lautréamont. Todo tan explícito —y tan implícito, como acabamos de decir— que ni siquiera valdría la pena seguir con este libro para probar nuestra teoría, si no fuese tan apasionante ejercicio el perseguir al Lorca maldito —al Lorca enduendado, lo preferís así— a través de su obra.

Cuando Lorca nos cuenta que La Niña de los Peines tuvo que beberse de un trago un gran vaso de cazalla para conseguir cantar con duende en una inolvidable farra flamenca, está ilustrando con la anécdota esa gran verdad de la provocación del subconsciente que cualquier freudiano un poco aplicado puede razonar hoy —hasta donde estas cosas son razonables— como adormecimiento de unos estímulos psíquicos e irritación de otros. De los últimos y más secretos e incontrolables. Y nos dice Lorca de La Niña de los Peines en aquel trance: «Se tuvo que empobrecer de facultades y de seguridades.» Es decir, tuvo que borrar el andamiaje consciente de su oficio de cantaora, tuvo que descontrolarse para dar paso al otro yo —demoníaco por desconocido y no por otra cosa— que todos llevamos dentro. De ese «yo» vivía, quería vivir y vivió efectivamente el genial García Lorca. Cuando él se embriaga de la cazalla de su propio ser —«prefiero embriagarme de mi propia lucidez», decía André Gide—, es cuando escribe mejor que nunca y cuando descubrimos en él al auténtico maldito, no en el sentido que una literatura burguesa haya podido dar a esta palabra, sino en el más profundo y significativo.

En una distinción geográfica que coincide —gozosamente para nosotros— con la que hacíamos al principio de este libro, antes de haber entrado en el estudio de la conferencia sobre el duende (porque uno escribe las cosas de principio a fin y no de final a principio, que es el fácil truco de muchos teorizantes incapaces de arriesgarse a lo que salga, cautos y aburridos), Lorca dice que Alemania tiene musa, Italia tiene ángel y «España está en todo tiempo movida por el duende». Esto es casi lo mismo que nuestra afirmación de que Andalucía es una tierra regida por lo daimónico. Más adelante, el poeta-conferenciante identificará al duende con la muerte, contradiciéndose a sí mismo, pues había querido presentar al duende anteriormente como «alegrísimo demonio». Pero la alegría inicial de Federico, su optimismo de primera impresión, que le engaña a él mismo, acaba de quitarse la careta y descubrir la verdad. El duende, «alegrísimo demonio», es luego fuerza oscura en La Niña de los Peines; en Goya y Rimbaud, es «sonido negro», y finalmente —para qué engaños literarios—, es la muerte. La muerte, a cuyo vislumbre constante sobre la tierra llamamos el mal. Duende y muerte se confunden, para Federico, en los malditos y en los místicos. En los seres regidos por la más profunda sinrazón. En aquellos que han conseguido descorrer los cortinajes convencionales de lo razonable para hacer la representación en carne viva de su ser más ignorado.

La fiesta de los toros sirve a Federico para ejemplificar muy españolamente la identidad entre el duende y la muerte. Y, finalmente, se pregunta: «¿Dónde está el duende? Por el arco vacío entra un aire mental que sopla con insistencia sobre las cabezas de los muertos...» En el barroco edificio imaginero de su conferencia, Federico ha dejado bien claro o bien confuso —caóticamente evidente, como a él y al tema le correspondían— que su filiación es la de enduendado. Ha dado fe pública de su comunión con el misterio, con lo ingobernable, con eso que para entendernos llamamos el mal, por encima o por debajo de conceptos morales. Desmontada toda la bella y erudita imaginería de su conferencia, lo que nos queda es un dramático manifiesto personal que le deja definitivamente —cómo no se ha visto hasta ahora entre tanta visión esteticista del personaje— del lado del misterio y la negación: «La verdadera lucha es con el duende.»

Ha quedado claro, me parece, que lo que Federico entiende por provocación del duende, al que hay que despertar «en las últimas habitaciones de la sangre», no es sino el desdoblamiento de personalidad característico del estado luciferino. Ese desdoblamiento que tanto obsesionaba a Baudelaire a efectos de contemplarse a sí mismo viviendo, poseyendo a una mujer, creando. Dice Kierkegaard que la angustia nace, en el trance sexual, de que el espíritu se ve obligado a asistir a algo en lo que no participa, a la apoteosis de lo meramente instintivo. Juan Ramón Jiménez ha puesto esta angustia en unos versos sobrecogedores, que expresan meridianamente el fenómeno del desdoblamiento (qué incomprendido hoy, por la irresponsabilidad que se cree más responsable, el inagotable Juan Ramón):

> *¡Qué extraños*
> *los dos con nuestro instinto!*
> *De pronto,*
> *somos cuatro.*

Sí; la exacerbación de lo instintivo supone siempre un desdoblamiento, pues que lo racional no desaparece nunca al venir a primer plano lo irracional, no que se queda en otra perspectiva, replegado, distante, contemplativo, viendo hacer al otro yo. Y este asistir desde el cielo de lo objetivo a los infiernos desatados de lo más subjetivo puede que sea también al contrario: la propia subjetividad controlada y ejercida se ve depuesta por ese fondo de naturaleza objetiva, de instinto directo, que es común a todos los hombres, a todos los seres vivos. El desdoblamiento supone angustia, desgarrón psicológico, y como, además, se trata de que la mitad en luz del ser se ve obligada a asistir al espectáculo de la mitad de sombra, maldita y temida por ignorada, el hecho se convierte en pecaminoso, en maligno. Cuando esto se produce, no alguna rara vez en la vida de un hombre, sino que es intermitente en él, o quizá constante, podemos hablar de un vivir en el mal, de un estado de maldad o de perpetua caída, para decirlo con una terminología escolástica. Este estado es característico de los creadores malditos —que por eso lo son—, bien se produzca espontáneamente o sea buscado, provocado —ya vemos cómo Lorca cree que hay que buscar, despertar al duende—, o se den ambos fenómenos simultánea y alternativamente, que quizá es lo que suele ocurrir en la dinámica psicológica del maldito. Su peligrosa dirección introvertida le lleva a provocar al otro yo, y éste, una vez que se ha abierto paso y ha aprendido el camino, aparecerá ya por sí mismo una y otra vez. Si es al contrario, si el desdoblamiento se produce espontáneamente, el hombre que venimos llamando maldito, enajenado ya por las angustias y los éxtasis de esa duplicidad sugestionante, fascinante, embriagadora —y de efectos tan espectaculares, a veces, en el arte—, la provocará luego a voluntad. Porque, en definitiva, ese hombre ha descubierto lo que Omar Kayam puso en versos sabios:

> *Envié a mi alma a través del infinito*
> *a descifrar del más allá el misterio.*
> *Y mi alma volvió a mí diciendo:*
> *En ti sólo están cielo e infierno.*

García Lorca, provocador del duende o provocado por él, vivirá en casi continuo desdoblamiento artístico y humano. Por eso es un desgarrado interior, por eso es genial, por eso nos atrevemos a decir que es un verdadero poeta maldito. Y por eso hemos elegido ahora aquellos versos suyos —entre tantos, reveladores— donde el desdoblamiento se hace evidente, consciente para él —que quizá no siempre lo fue de esta trágica dualidad—, cuando se extraña de su propio nombre y, desde los reinos interiores del duende, contempla perplejo al yo externo perdido entre el paisaje, en la naturaleza:

> *Entre los juncos y la baja-tarde,*
> *¡qué raro que me llame Federico!*

3

LIBRO DE POEMAS

En su poética *De viva voz a Gerardo Diego*, Federico confiesa: «... si es verdad que soy poeta por la gracia de Dios —o del demonio—...». La breve poética de Lorca se resume en una confesada ignorancia acerca de lo que sea la propia poesía, aun reconociéndose bastante ciencia sobre la poesía en general y sobre el modo de hacer un poema. Pero la nota fuerte de sus líneas, la frase definitoria de lo que se abstiene él de definir, está en esa dualidad —«por la gracia de Dios o del demonio»—, aunque en el momento de escribirlo no lo advierta así. Sabe que se puede ser poeta por la gracia del demonio. También por la gracia del demonio. Como por la gracia de Dios. O por las dos gracias. Le ha faltado decir que precisamente se es poeta —la clase de poeta que él es— por la dualidad y el conflicto, ya que también el bien estará presente siempre en el decididamente abocado al mal, y viceversa, pues sin esa bipolaridad, sin ese punto de referencia antípoda no habría bien ni mal. Todo sería uno y nada. (Advierto una vez más que esta terminología de «bien» y «mal», «pecado», etc., está tomada de la moral no como valor entendido, sino para entendernos, ya que los conceptos van referidos a realidades de la naturaleza y no a valores de la ética.)

El *Libro de poemas* data de 1921 y es todo él un libro

adolescente, diríamos, ingenuo e incluso torpe dentro de su abundante imaginería, más ingeniosa que poética. La monocorde tristeza que le traspasa no puede servirnos como alegato a favor de nuestra teoría, pues que se trata de la obstinada melancolía tópica de la primera juventud, como el propio poeta reconoce en alguno de los poemas. Sin embargo, cuando tenemos en la mano la obra completa de Lorca y vemos cómo evolucionó esa vaga melancolía hacia un intenso dramatismo, sí podemos creer que había en ella algo más que histerismo adolescente, ese histerismo que tanto se parece al que cerrará el ciclo vital, al histerismo de la madurez en ambos sexos, de la menopausia en la mujer, porque la criatura humana vive sus años máximos entre dos histerias.

Aparte de la constante nota negativa —ingenuamente negativa—, la obra —posmodernista, posrubeniana, posbecqueriana a veces, posvalleinclanesca otras, vagamente juanramoniana— presenta algunos poemas donde lo que luego va a ser el poeta —afinidades y conducta— se manifiesta con juvenil explicitud. En «Los encuentros de un caracol aventurero», segunda composición del libro, una rana vieja dice ya:

> *Cuando joven creía*
> *que si al fin Dios oyera*
> *nuestro canto, tendría*
> *compasión. Y mi ciencia,*
> *pues ya he vivido mucho,*
> *hace que no lo crea.*
> *Yo ya no canto más...*

Lorca, tristísimo en todo el libro —lo que sí sirve para desmentir el inexplicable tópico de su colorismo, que no es sino artístico—, aprovecha esta fábula de aire infantil para erigirse en un anti-Samaniego que hace decir a los animales su propio sentir agnóstico. Ni siquiera en estos juegos de animales parlantes, escritos como para colegiales, ha podido él prescindir de lo que tan hondamente empezaba a germinarle. Poeta para niños se le ha llamado algunas veces, refiriéndose a cierta parte de su obra y por lo que hay siempre en él de capacidad de ternura y minimización. Poeta para niños sin corazón, le llamaría yo, tomando un título de Juan Ramón Jiménez. Poema adelante, la rana vieja y una compañera suya, tras haberle predicado fe al caracol aventurero, se confiesan a sí mismas que carecen de esa fe, y luego se conmueven recordando cómo las ranas jóvenes croan a Dios, con lo que la religiosidad se reduce a un valor puramente sentimental. Luego, el caracol se encuentra con unas hormigas que maltratan a otra porque dice haber visto las estrellas. «El trabajo es tu ley», la apostrofan las otras hormigas, que nunca han oído hablar de estrellas. Y el caracol, tras este episodio, reflexiona con reflexión del propio poeta:

> *Acaso a las estrellas*
> *se llegue por aquí.*
> *Pero mi gran torpeza*
> *me impedirá llegar.*
> *No hay que pensar en ellas.*

En la última estrofa del poema, Lorca, para corroborar el paralelismo o la identidad entre irracionales y humanos, dice dentro de una descripción de paisaje: «Campanarios lejanos / llaman gente a la iglesia.» La conclusión desoladora del poema, que tiene engañosa apariencia de dibujo animado, es ésta: «No hay que pensar en ellas.»

Hay a lo largo del libro referencias evangélicas y mitológicas de valor meramente estético. El erotismo de algunos poemas también es más estético y vago —adolescente— que otra cosa, y no permite todavía entrar en un estudio detenido de esta dimensión del poeta, que más adelante asediaremos. «Canción para la luna», fechada en agosto de 1920, nos sorprende por su desenfado blasfematorio:

> *Blanca tortuga,*
> *luna dormida,*
> *¡qué lentamente*
> *caminas!*
> *Cerrando un párpado*
> *de sombras, miras*
> *cual arqueológica*
> *pupila.*
> *Que quizá sea...*
> *(Satán es tuerto)*
> *una reliquia.*
> *Viva lección*
> *para anarquistas.*
> *Jehová acostumbra*
> *sembrar su finca*
> *con ojos muertos*
> *y cabecitas*
> *de sus contrarias*
> *milicias.*
>
> *Gobierna rígido*
> *la faz divina*

*con su turbante
de niebla fría,
poniendo dulces
astros sin vida
al rubio cuervo
del día.
Por eso, luna,
¡luna dormida!,
vas protestando,
seca de brisas,
del gran abuso
la tiranía
de ese Jehová
que os encamina
por una senda,
¡siempre la misma!,
mientras él goza
en compañía
de Doña Muerte,
que es su querida...*

*Blanca tortuga,
luna dormida,
casta Verónica
del sol que limpias
en el ocaso
su faz rojiza.
Ten esperanza,
muerta pulida,
que el Gran Lenín
de tu campiña
será la Osa
Mayor, la arisca*

> *fiera del cielo,*
> *que irá tranquila*
> *a dar su abrazo*
> *de despedida*
> *al viejo enorme*
> *de los seis días.*
>
> *Y entonces, luna*
> *blanca, vendría*
> *el puro reino*
> *de la ceniza.*
>
> *(Ya habréis notado*
> *que soy nihilista.)*

Con algo verleniano en la música, este poema descubre el caos intelectual del joven poeta, que toma a la luna, de modo muy original, como víctima y enseña en la lucha y la rebeldía contra «el viejo enorme de los seis días». Mezcla a Satán con Lenín y finalmente se declara nihilista, entre paréntesis. Todo demasiado inmaturo —incluso en la forma— como para que lo aprovechemos a favor de nuestra teoría. Pero ahí queda con su valor significativo, germinativo, de lo que luego va a ser Lorca. Pensemos, por otra parte, que lo blasfematorio, sin otra dimensión más profunda, estaba de moda entre los jóvenes rebeldes de los años veinte, como influjo tardío de la poesía maldita francesa. Así, en un poema al silencio, leemos:

> *Si Jehová se ha dormido,*
> *sube al trono brillante,*
> *quiébrale en su cabeza*

> *un lucero apagado,*
> *y acaba seriamente*
> *con la música eterna...*

Todo esto no tendría ningún valor en sí mismo si no hubiera ido a más en la obra y el hombre. A más o menos, porque lo que ahora es rebeldía y juvenilidad, palabrota de señorito, se tornará luego indiferencia, desconocimiento, alejamiento. Ni agnosticismo ni nihilismo. El Lorca de después, el Lorca verdadero, lejos de cantar la nada (el silencio, la luna) como un ideal romántico, se entregará al todo de la creación caótica. Bien saben los proselitistas de lo que sea que es peor que un rebelde un indiferente. Lorca, más que indiferente, será al fin un poseso de lo otro, un místico a la inversa. Ahora le vemos pasar apasionado por la inevitable fase de las pedradas al cristal del cielo, esos cristales «tras los que nadie escucha el rumor de la vida», según verso de su afín Vicente Aleixandre.

Como dato de la influencia primera de los malditos en Lorca —ejercida a través de Rubén, quizá—, encontramos en este libro frecuentes emparentamientos de este tipo:

> *¿Dónde las rosas que aromaron*
> *a Jesucristo y a Satán?*

«Prólogo», fechado el 24 de julio de 1920 en Vega de Zujaira, es un poema donde Lorca juega con mayor pericia y violencia su rebeldía de alevín de maldito:

> *Mi corazón está aquí;*
> *Dios mío,*
> *hunde tu cetro en él, Señor.*

*Es un membrillo
demasiado otoñal
y está podrido.
Arranca los esqueletos
de los gavilanes líricos
que tanto, tanto lo hirieron,
y si acaso tienes pico,
móndale su corteza
de hastío.*

*Mas si no quieres hacerlo,
me da lo mismo;
guárdate tu cielo azul,
que es tan aburrido,
y el rigodón de los astros.
Y tu Infinito,
que yo pediré prestado
el corazón a un amigo.
Un corazón con arroyos
y pinos,
y un ruiseñor de hierro
que resista
el martillo
de los siglos.*

*Además, Satanás me quiere mucho,
fue compañero mío
en un examen de
lujuria, y el pícaro
buscará a Margarita
—me lo tiene ofrecido—.
Margarita morena,
sobre un fondo de viejos olivos,*

*con dos trenzas de noche
de estío,
para que yo desgarre
sus muslos limpios.
Y entonces, ¡oh, Señor!,
seré tan rico
o más que tú,
porque el vacío
no puede compararse
al vino
con que Satán obsequia
a sus buenos amigos.
Licor hecho con llanto.
¡Qué más da!
Es lo mismo
que tu licor compuesto
con trinos.*

*Dime, Señor,
¡Dios mío!
¿Nos hundes en la sombra
del abismo?
¿Somos pájaros ciegos
sin nidos?*

*La luz se va apagando.
¿Y el aceite divino?
Las olas agonizan.
¿Has querido
jugar como si fuéramos
soldaditos?
Dime, Señor,
¡Dios mío!*

*¿No llega el dolor nuestro
a tus oídos?
¿No han hecho las blasfemias
Babeles sin ladrillos
para herirte, o te gustan
los gritos?
¿Estás sordo? ¿Estás ciego?
¿O eres bizco
de espíritu
y ves el alma humana
con tonos invertidos?*

*¡Oh Señor soñoliento!
¡Mira mi corazón
frío
como un membrillo
demasiado otoñal
que está podrido!
Si tu luz va a llegar,
abre los ojos vivos;
pero si continúas
dormido,
ven, Satanás errante,
sangriento peregrino,
ponme a Margarita
morena en los olivos
con las trenzas de noche
de estío,
que yo sabré encenderle
sus ojos pensativos
con mis besos manchados
de lirios...*

Damos este poema casi completo porque en él llega a su culminación lo que he llamado la «época blasfematoria» de Lorca. Hay en esta clase de poemas oración y blasfemia mezcladas, potenciándose mutuamente. La oración es todavía una última consecuencia de los hábitos familiares, de la educación recibida, pero se entrecruza ya con la imprecación. Supone una última apelación a Dios. El último padrenuestro que se le va a rezar. Un ultimátum ingenuo que, sin embargo, sirve para potenciar la blasfemia por contraste y referencia. Este poema, poco comentado por los exégetas de Lorca, supone el ápice de su crisis religiosa, el cruce de trenes que decidirá su vida. Deja el tren de una fe para tomar el de otra —bien sabemos cuál—, y como único equipaje lleva el corazón que va a pedirle prestado a un amigo. (Ese amigo de los malos o los buenos consejos, que aconseja siempre en la sombra de las últimas tapias contra los preceptos familiares y religiosos.)

Acabamos de leer la última oración católica del niño nacido y criado en el seno de una familia católica andaluza. Esta oración, impía ya, es todavía un último telegrama urgente al Bien. Quizá, sólo el trámite de despedida en quien está decidido a tomar otro camino. «Prólogo» es un padrenuestro y un credo. Los últimos de Federico García Lorca. El padrenuestro y el credo de un maldito. Todos los malditos han pasado por esa etapa blasfematoria, e incluso algunos no la superaron nunca, como el propio Baudelaire y, en parte, Rimbaud. Pero la blasfemia, como sabemos, es todavía una forma de oración. Por eso se nos hace ingenuo y nos mueve a la sonrisa el poema comentado, aun sabiendo que es un poema clave en la evolución moral del autor. Otro instrumento es quien tira de los sentidos peores, diremos parafraseando al clásico.

Otro instrumento es quien tira de los sentidos peores —o mejores— de Federico García Lorca. Sus blasfemias tienen la fuerza de que todavía son oraciones. Sus oraciones tienen el valor, la sinceridad de que son ya blasfemias. Mas él en seguida estará tan lejos de la oración como de la blasfemia. Su reino es de otro mundo, del mundo del mal, y por eso esta última apelación al bien nos conmueve, como nos conmueven siempre los niños en sus rebeldías. Ya lo dijo Jean Cocteau, ese falso maldito: «¿Qué sería de los niños sin la desobediencia?» Lorca, en el poema «Prólogo», no es todavía un maldito. Es sólo un desobediente.

«Mar», fechado en abril de 1919, nos presenta nuevamente la dualidad Bien-Mal, cielo-infierno, Cristo-Satán, con ese compadecimiento por el ángel caído tan característico de románticos y malditos, y que Souvirón ha estudiado detenidamente en su libro *El príncipe de este siglo*. Ahora, el mar es el ángel caído, el cielo caído, frente al cielo verdadero, el que está arriba:

> *El mar es*
> *el Lucifer del azul.*
> *El cielo caído*
> *por querer ser la luz.*
> *¡Pobre mar condenado*
> *a eterno movimiento...!*
> ....
> *Aguanta tu sufrir,*
> *formidable Satán.*
> *Cristo anduvo por ti,*
> *mas también lo hizo Pan.*
>
> *La estrella Venus es*
> *la armonía del mundo.*

¡Calle el Eclesiastés!
Venus es lo profundo
del alma...

...Y el hombre miserable
es un ángel caído.
La tierra es el probable
Paraíso perdido.

He aquí otra profesión de fe terrestre por parte del poeta. Todavía se mueve en la dualidad Bien-Mal, pero ya parece haber optado —puerilmente, prematuramente— por este último. «Ritmo de otoño», de 1920, es una bella búsqueda del ideal, que va remontándose de unos estratos en otros de la naturaleza y de la vida, hasta que es sólo la esperanza la que puede responder a los corazones humanos: «Vosotros me inventasteis, corazones.» «¡Dios mío!», exclama el poeta, desolado. Y en seguida se pregunta: «Pero, Dios mío, ¿a quien? / ¿Quién es, Dios mío?» Por fin, el libro se cierra con un poema, «El macho cabrío», de 1919, que es ya un decidido y significativo canto a los poderes oscuros que portarán por siempre al poeta:

...yo miro
al gran macho cabrío.

¡Salve, demonio mudo!
Eres el más
intenso animal.
Místico eterno
del infierno
carnal...

*¡Cuántos encantos
tiene tu barba,
tu frente ancha,
rudo Don Juan!
¡Qué gran acento el de tu mirada
mefistofélica
y pasional!*

*Vas por los campos
con tu manada,
hecho un eunuco,
¡siendo un sultán!
Su sed de sexo
nunca se apaga;
¡bien aprendiste
del padre Pan!*

....

*...mas tus pasiones son insaciables;
Grecia vieja
te comprenderá.*

*¡Oh ser de hondas
leyendas santas,
de ascetas flacos y Satanás,
con piedras negras y cruces toscas,
con fieras mansas y cuevas hondas,
donde te vieron entre la sombra
soplar la llama
de lo sexual!*

....

¡Machos cabríos!

....

*Vais derramando lujuria virgen
como no tuvo otro animal...*

Rubén y Valle-Inclán en la forma y en el tema. Pero bien sabemos que las influencias no son sino afinidades. El opaco mimetiza. El traslúcido se influye, deja pasar la luz a través de sí. Federico García Lorca ha elegido maestros, pero no sólo maestros, sino también temas; pero no sólo temas, sino también actitud y camino en su obra. Poco se ha hablado, creo yo, de esta primera influencia de Rubén y Valle en el Lorca prematuro. En todo caso, Rubén es un posible poeta maldito —complejo familiar y de raza, complejo de feo, furor sexual y dipsomanía, verlenismo, angustia económica, desdoblamiento perpetuo entre lo apolíneo y lo dionisíaco—, que se frustra como tal maldito para lograrse —o malograrse— como embajador. En cuanto a Valle, su filiación con los malditos ya ha quedado apuntada en este libro. Los tocados del don de la obviedad dirán que el poema al macho cabrío, por su evidente influencia modernista, no prueba nada. Pero es precisamente la influencia lo que lo prueba todo. ¿Por qué esas influencias y no otras? Por sus influencias los conoceréis. Hay que suponer que el Lorca de esos años —el poema, como acabamos de fijar, está fechado en el año 19— había leído a alguien más que Rubén y Valle.

«Yo no soy más que mi gran herencia», dijo Goethe. Todo artista, incluso el más proyectado hacia el futuro, vive de recapitular sobre el arte anterior. Pero a cada hombre se le destina naturalmente un mandado en la herencia general de la cultura. Lorca no hace sino tomar el suyo. La influencia artística, ideológica o humana sólo se explica por afinidad. El hombre tiene una receptividad intensa y limitada, tanto en lo sensorial como en lo psicológico. Y esta limitación es precisamente la que selecciona. Al ser humano sólo le conforma aquello que asimila. Lo demás le será siempre ajeno, aun cuando su voluntad o su conciencia se distiendan hacia ello. Porque hay en nosotros algo mucho más efectivo, fecundo, actuante, que la voluntad, y de signo exactamente contrario a ésta. Y es la receptividad. El hombre, animal receptivo, debe a esta condición la mayor y mejor parte de sus conquistas, aunque la vanidad de la especie le haga creer que las ha logrado por la voluntad.

Federico García Lorca, ser excepcionalmente receptivo, se ha quedado con los poetas del mal cercanos y lejanos. Esto no necesita más explicación. Su *Libro de poemas* se cierra con el que acabamos de releer en parte. Un hombre precoz, un genio, no elige alegremente al macho cabrío como emblema de su destino. Porque Federico tampoco era un voluble, como su leyenda de colores nos lo ha presentado en parte, sino un hombre y un escritor reincidente, insistente, fijo siempre en los mismos y obsesionantes temas: el sexo y la muerte. «Sexo y muerte en García Lorca», podría haberse titulado también este libro. Muerte y sexo son los elementos esenciales de una obra que vista en panorama parece tan varia. O quizá, ni siquiera se trate de esos dos temas, sino de un tercero, misterioso y sin nombre, que es la resultante de ambos.

4

POEMA DEL CANTE JONDO

Voluntariedad y receptividad. La voluntariedad es activa y la receptividad es pasiva. La voluntariedad, en todo caso, trabaja sobre los materiales acopiados por la receptividad. Y cuando la voluntariedad quiere echarse por delante, sus mejores hallazgos no le pertenecen a ella misma, sino a la receptividad, radar del ser. No a otra cosa se refiere Federico —criatura tan receptiva—, no a otra cosa que a la voluntariedad, cuando dice que la inspiración «ha de cogerle trabajando».

La inspiración puede ser —es— la receptividad. No siempre se encuentra la criatura en estado de receptividad, y por eso debe contar con la voluntariedad, con el trabajo, para que el estado de receptividad, la inspiración, le sorprenda a uno trabajando. Para que los hallazgos de esa receptividad puedan ser aprovechados y no se queden en un vago enriquecimiento del ser, subjetivo y sin fruto. La receptividad fructifica por la voluntariedad.

La receptividad de García Lorca, mal entendida, nos ha llevado a confundir esta receptividad con otra cosa, a tomarla por volubilidad. Lorca es muy receptivo para la música, para la poesía, para la pintura, para el teatro, para la recitación... Luego Lorca es voluble. Y aquí germina la leyenda de amateurismo, de señoritismo, de diletantismo, que más ha dañado a un entendimiento profundo del poeta.

No. Lorca no es voluble. Y tampoco importaría demasiado que lo fuese, a efectos de su genialidad. Pero tratamos ahora de desmontar el tópico, y por eso hay que insistir en este punto y diferenciar receptividad de volubilidad, porque esta última, insoportable en los tontos, tolerable en el genio, ha perjudicado mucho, como acabamos de decir, al clisé de García Lorca. Hasta el punto de que, puestos a entender al poeta como posible maldito —no trataremos de absolutizar nada en este libro—, el primer y más grave inconveniente que encontramos para desarrollar nuestra teoría es esa leyenda tonta, superficial, de la versatilidad o variabilidad de su espíritu. Lorca, dotado de la máxima receptividad artística y humana, cuenta, para salvarse de la posible volubilidad que acarrean las muchas gracias personales, con la voluntariedad: él es un gran trabajador. Y trabajador casi exclusivamente —salvo esparcimientos estéticos menores que en cualquier otro pueden encontrarse (quizá lo que ocurre es que él tenía varios violines de Ingres en lugar de uno solo)— en una dirección.

Porque ya hemos dicho que la receptividad del ser humano es intensa y limitada. El hombre de receptividad poco intensa es, sin más, el mediocre. El hombre de receptividad intensa y extensa —aunque también limitada, naturalmente— es Goethe. La receptividad de Federico García Lorca, por naturalmente limitada, por humanamente limitada, se concentra, a medida que en él se va cumpliendo el proceso heideggeriano de individuación, en un sentido único: la dualidad sexo-muerte. Incluso los elementos externos, formales, ambivalentes, para el desarrollo artístico del monotema, van restringiéndose en él. Renuncia al fácil préstamo mitológico. Ya no volverá a hablar de Pan y de Dionisios. Tampoco vuelve a apelar casi nunca a la nomenclatura bíblica, evangélica, escriturística, religiosa, cristiana o católica. No necesita hablar de Pan porque se ha hecho honda e insalvablemente panteísta. No necesita hablar de Satán porque vive y escribe exclusivamente en la órbita secreta e implícita —quizá ignorada por él mismo— del satanismo. Desprovisto de saberes, como nos contaba él de La Niña de los Peines, le basta, para convocar al duende, con su Andalucía y su gente. Con su mundo y su tierra. Con lo más inmediato y profundo.

Y nace el «Poema del cante jondo». Todas las fuerzas oscuras que él había invocado en su libro anterior están ahí, en los desmontes de Granada. Para qué buscarlas lejos, en otros autores, en otras culturas, en otras épocas, en otros motivos. «Poema del cante jondo» está fechado en 1921. Sus primeras composiciones nos introducen ya en una visión ensombrecida y dramática del paisaje andaluz, tan contrastante con la Andalucía malva, rosa y moguereña del *Platero*, por ejemplo.

En el muy conocido poema «La guitarra» se funden paisaje y espíritu, clima y sentimiento:

> *Empieza el llanto*
> *de la guitarra.*
> *Se rompen las copas*
> *de la madrugada.*
> *Empieza el llanto de la guitarra.*
> *Es inútil callarla.*
> *Es imposible callarla.*

Llora monótona
como llora el agua,
como llora el viento
sobre la nevada.
Es imposible callarla.
Llora por cosas lejanas.
Arena del Sur caliente
que pide camelias blancas.
Llora flecha sin blanco,
la tarde sin mañana
y el primer pájaro muerto
sobre la rama.
¡Oh guitarra!
Corazón malherido
por cinco espadas.

El llanto de la guitarra convoca las últimas destrucciones de la juerga flamenca y «se rompen las copas / de la madrugada». Ya ha sido creado el clima de oscura bacanal flamenca. Y luego, la reiteración del «es inútil callarla», «es imposible callarla», obsesiva, que anticipa el *ritornello* dramático de «Eran las cinco de la tarde» o el «¡Que no, que no quiero verla!», referido a la sangre de Sánchez Mejías.

Si la rima se apoya en la memoria, la reiteración también lo hace, pero más violentamente, casi enojosamente, hasta que ese enojo producido en el lector, a quien se le obliga a leer y releer intermitentemente una misma cosa, tiene en sí la misma sensación exasperada que el poeta al escribir. O, cuando menos, una exasperación paralela, pues el arte ha de actuar casi siempre por paralelismo o suplantación.

La rima halaga a la memoria. La reiteración hiere a

la memoria. He aquí la diferencia. La rima para agradar. La reiteración para irritar. La rima para el madrigal y la reiteración para la elegía. Esto debía saberlo bien García Lorca, que escribe sus grandes poemas elegíacos —a Sánchez Mejías— apuntándolos en la reiteración.

«La guitarra» es un poema con duende o una descripción de cómo la guitarra invoca o convoca al duende. La guitarra «llora por cosas lejanas», por «el primer pájaro muerto sobre la rama», que bien puede ser la víctima inocente que exige todo ritual demoníaco, todo esoterismo. Finalmente, los dos versos que cierran el poema —«Corazón malherido / por cinco espadas»— nos recuerdan en su imagen las Vírgenes de los Cuchillos, de las Angustias, de las procesiones castellanas y andaluzas, con lo que el poema cobra trasunto de saeta. Pero observemos cuán transmutada y lejana está ya la visión religiosa, inevitable, sin embargo, como impacto estético, en el indígena de una tierra tan procesional como Andalucía.

Los poemas siguientes continúan ese paisajismo siniestro, visión insólita de una Andalucía solar: «Las gentes de las cuevas / asoman sus velones.» «Entre mariposas negras, / va una muchacha morena / junto a una blanca serpiente / de niebla.» «Unas muchachas ciegas / preguntan a la luna, / y por el aire ascienden / espirales de llanto.» «Sólo queda / el desierto.» «Tierra / vieja / del candil / y la pena. / Tierra / de las hondas cisternas. / Tierra / de la muerte sin ojos / y las flechas.» «¡Oh pueblo perdido / en la Andalucía del llanto!» «El puñal / entra en el corazón / como la reja del arado / en el yermo.» «La calle / tiene un temblor / de cuerda / en tensión.» «El grito deja en el viento / una sombra de ciprés.» O esos tres versos finales del poema «Sorpresa», con sus tres «ques» reiterativos, populares, flamencos, andalucísimos y, en este caso, dramáticos:

> *Que muerto se quedó en la calle*
> *que con un puñal en el pecho*
> *y que no lo conocía nadie.*

Luego, Lorca ve a la «soleá» «Vestida con mantos negros». Y el poema «Cueva»: «De la cueva salen / largos sollozos.» Y la saeta: «Los arqueros oscuros / a Sevilla se acercan. / Vienen de los remotos / países de la pena.» Y Sevilla: «Sevilla para herir, / Córdoba para morir.» Y la procesión: «Por la calleja vienen / extraños unicornios.» (Los poemas procesionales de Federico, frecuentes en este libro, nos devuelven en cierto modo su juego con lo religioso, pero entendido ya como estampa trágica, como España negra, entre el esteticismo y el dramatismo costumbrista.) En el «Gráfico de la Petenera» esta visión exasperada de Andalucía llega a su paroxismo:

> *Cien jinetes enlutados,*
> *¿dónde irán*
> *por el cielo yacente*
> *del naranjal?*

O «Las seis cuerdas»:

> *La guitarra,*
> *hace llorar a los sueños.*
> *El sollozo de las almas*
> *perdidas*

> *se escapa por su boca*
> *redonda.*

O «Muerte de la Petenera»:

> *Cien jacas caracolean.*
> *Sus jinetes están muertos.*
>
> *Bajo las estremecidas*
> *estrellas de los velones*
> *su falda de moaré tiembla*
> *entre sus muslos de cobre.*

Y en «Falseta» le dice a la muerta:

> *Tu entierro fue de gente*
> *siniestra.*
> *Gente con el corazón*
> *en la cabeza.*

Estos poemas están alternados con otros de erotismo menos trágico, aunque siempre reteñido por la pena. En las «Viñetas flamencas», dice de Franconetti que su voz «abría el azogue de los espejos», y de Juan Breva que, «como Homero, cantó ciego». En «Café cantante», la Parrala «sostiene una conversación con la muerte». En «Lamentación de la muerte» dice: «Vine a este mundo con ojos / y me voy sin ellos.» En «Conjuro» juegan el as de bastos y las tijeras en cruz. (La tentación por el satanismo se hace expresa en este poema.) Casi todas las composiciones de este libro hablan de la muerte. Hay una que se titula «Memento». En «Malagueña»:

*La muerte
entra y sale,
y sale y entra
de la taberna.*

En «Barrio de Córdoba»: «Hay una niña muerta / con una rosa encarnada / oculta en la cabellera.» Cuando la Carmen baila por las calles, «en su cabeza se enrosca / una serpiente amarilla». En «Candil», la llama se asoma «a los ojos redondos / del gitanillo muerto».

El repaso necrófilo a la temática de este libro nos parece necesario y revelador. Si efectivamente Andalucía vive de lo oscuro y de la muerte, y esto sólo supo verlo Federico, o lo vio y lo dijo antes o mejor que nadie, consideremos también el fenómeno inverso: hasta qué punto el poeta se hace su Andalucía, hace Andalucía así. Hemos escrito anteriormente en este libro que Andalucía, entre tanta luz, vive de la sombra. Pero todos los conceptos son conceptos de ida y vuelta y todas las verdades deben examinarse del derecho y del revés. Andalucía es trágica, en efecto. Pero, sobre todo, la Andalucía de Federico. Federico es el gran trágico que ve así Andalucía. No la falsea, por supuesto, mas proyecta sobre ella su propio sentir, o bien es su receptividad para lo trágico la que le empapa de un intraandalucismo que había quedado inédito en otros poetas. Pensemos que tan verdadera y esencial —y decorativa— es la Andalucía de Juan Ramón como la de Lorca. Y, sin embargo, qué distintas. Qué melancólica, pero qué sin drama, la Andalucía juanramoniana. Quiere decirse que no se trata de dos Andalucías diferentes, sino que, en esto como en todo, habrá tantas Andalucías como poetas. Conclusión perogrullesca que nos sirve para obtener la clave misma de la Andalucía trágica. Y la clave es el propio Federico. El drama es él, está en él. Esa verdad le ha sido dada sólo a él, o él la ha hecho verdadera (porque las verdades no lo son hasta que alguien las piensa o las siente). Luego todo este juego con la muerte del «Poema del cante jondo» no es mero paisajismo esteticista, sino expresión de un hombre que ha utilizado la tierra como metáfora para decir su secreto.

«Escena del teniente coronel de la Guardia Civil» en el cuarto de banderas es un diálogo que anticipa ya el *Romancero gitano*, la rebeldía lírica de García Lorca contra los poderes establecidos, su poética subversión. La adhesión de Lorca a las «gentes siniestras» de su tierra, frente a las gentes de orden, implícita en todo lo anterior, se hace expresa en este diálogo, y es, más que una adhesión social o política, la característica adhesión del maldito a las víctimas de la sociedad, a los parias, por lo que tiene de secretamente común con ellos y por lo que esta actitud supone de enfrentamiento a una sociedad en la que no está dispuesto a participar. Ya hemos diferenciado anteriormente el anarquismo de los anarquistas del de los poetas líricos, pero hay momentos en que, naturalmente, ambas anarquías se confunden y hermanan por lo que el anarquista tiene de idealista poético y lo que el poeta tiene de anarquista ideal. He aquí un fragmento de la «Escena»:

TENIENTE CORONEL. —Yo soy el teniente coronel de la Guardia Civil.
GITANO. —Sí.
TENIENTE CORONEL. —¿Tú quién eres?
GITANO. —Un gitano.

TENIENTE CORONEL. —¿Y qué es un gitano?
GITANO. —Cualquier cosa.
TENIENTE CORONEL. —¿Cómo te llamas?
GITANO. —Eso.
TENIENTE CORONEL. —¿Qué dices?
GITANO. —Gitano.
SARGENTO. —Me lo encontré y lo he traído.
TENIENTE CORONEL. —¿Dónde estabas?
GITANO. —En el puente de los ríos.
TENIENTE CORONEL. —Pero ¿de qué ríos?
GITANO. —De todos los ríos.
TENIENTE CORONEL. —¿Y qué hacías allí?
GITANO. —Una torre de canela.

El diálogo sigue así. La lógica mostrenca frente al lirismo desvariante. Al final, el teniente coronel cae muerto a golpes de metáfora y su alma «de tabaco y café con leche» sale por la ventana. Cuatro guardias civiles apalean al gitanillo, y el incidente se cierra con la «Canción del gitano apaleado». En esta escena, Federico García Lorca parece tomar conciencia política —en el más alto sentido de la palabra— por primera vez. No es la suya la actitud de un terrateniente señorito. El que todo en él esté recamado de soberana estética no nos autoriza a quedarnos en el mero esteticismo. Cantor de tres grandes razas proscritas o malditas, he llamado a Lorca en el comienzo de este libro. Cantor, hasta ahora, de las «gentes siniestras». Pero ya no sólo cantor, a partir de este momento, sino también defensor. Porque no hay sólo un mundo oscuro que vive de su propia pena, sino que hay también —acabamos de descubrirlo— un enemigo, un represor, un causante, quizá, de esa pena. Bien entendido que, como en su momento quedó subrayado, el inconformismo político y social de un maldito no es sino coincidente con otro inconformismo mucho más profundo, existencial, que es el que le hace tan maldito.

En cuanto a la técnica y al diálogo de la escena comentada, en ella está ya bien evidente el Lorca dramaturgo con su capacidad de poetizar la realidad directa sin restarle virulencia. Y con un sentido del absurdo poético que empezaba a ser vanguardia por aquellos años, tuvo cultivador asiduo, entre nosotros, con Alejandro Casona, y subsiste todavía, como máximo recurso de la dialéctica teatral, en Ionesco y todo el teatro de ahora mismo. (Lorca, pues, influido o no por su momento, es un precursor también en este sentido, como en tantas otras cosas. Como lo es siempre el genio.) El poder no tiene otra dialéctica que la lógica mostrenca y su fuerza bruta de opresor. El oprimido no tiene otra respuesta que un vago lirismo desconcertante. Esto no es así en la realidad —al menos en lo que se refiere al pueblo—, pero ocurre que, en el diálogo entre contrarios, el poeta habla con la voz del pueblo o presta a éste su voz para expresarse, ya que el pueblo no tiene voz, y de esta mecánica resulta un falseamiento que nos ha llevado muy lejos. Empezamos por poetizar el lenguaje del pueblo infundiéndole nuestro propio lenguaje, pero de ahí hemos pasado a poetizar al pueblo mismo, y éste es el gran sofisma de todo el teatro y toda la literatura social, que, aun estando tan cargados de razón, dejan siempre, incluso en el más adicto, un mal regusto sofístico. El pueblo es realidad, como lo es la minoría opresora; mas el artista, al operar sobre ellos, se encarna, naturalmente, en el pueblo, con lo que, tratando de defenderle, le falsea, e inutiliza así, en parte, su alegato. Lorca, anterior todavía a esta degeneración del fenómeno, opera en sus comienzos, y por eso su dialéctica es válida social y artísticamente.

A la escena estudiada sigue el «Diálogo del Amargo», entre un joven al que llaman así y un misterioso jinete que le ofrece cuchillos de oro y le invita a montar en su caballo para llegar a Granada. El diálogo es nocturno, poético y macabro. Lorca juega aquí el clima de pesadilla en que luego será maestro —anticipemos el recuerdo del «Romance sonámbulo»—, insiste en una temática que tiene algo de onírico: la imposibilidad de llegar a algún sitio adonde se quiere ir, se necesita ir, se está yendo y nunca se llega. Aquí es Granada; en la famosa «Canción del jinete» es Córdoba:

*Aunque sepa los caminos
yo nunca llegaré a Córdoba.*

La muerte dentro del sueño, o el sueño como única vida posible en la muerte, se reiteran en Lorca. La presencia de la muerte es tan obsesiva en su obra que sólo ella basta para desmentir todo el colorín pseudolorquiano. Por la «Canción de la madre del Amargo», posterior al misterioso diálogo, nos enteramos de lo que ya sabíamos: que el jinete ha matado al mozo con un cuchillo de oro:

*Lo llevan puesto en mi sábana
mis adelfas y mi palma.*

*Día veintisiete de agosto
con un cuchillo de oro.*

Sábana, adelfas y palma nos dan escuetamente la escenografía mortuoria. «Día veintisiete de agosto.» Ese afán de precisión cronológica, de dar significado a las fechas, tan característico del pueblo, siempre jugando taumatúrgicamente con el tiempo que no entiende y por eso le obsesiona, como todo cuanto ignora. «Con un cuchillo de oro»: sobria referencia para ponernos al tanto de cómo fue el desenlace, de cómo ocurrió la cosa, de cómo terminó el encuentro con el misterioso jinete nocturno.

Y así termina el *Poema del cante jondo*.

Lorca, vocado y abocado a lo subreal —luego se hará surrealista—, cierra este libro de sexo, muerte y magia con ese pasaje mágico del Amargo, donde todo es verdad y todo es mentira. Nos ha introducido definitivamente en los purgatorios donde va a vivir su obra. Quizá, más que del purgatorio, se trate de otra auténtica «temporada en el infierno».

5

«PRIMERAS CANCIONES»

Data este libro de 1922. Se trata de una breve colección de poemas, casi todos ellos fieles al título general de «canciones». En este libro menor podemos captar otra faceta —menor también— del receptivo Lorca. A saber: su receptividad para lo femenino y lo infantil. Lo que vamos a llamar pansexualismo de Lorca le posibilita la comprensión e interpretación de la sensibilidad femenina. Su ternura, su infantilismo, pueden ser un derivado de esta receptividad femenina o de lo femenino. En cualquier caso, tal faceta lorquiana, tan contrastante con la suya predominante de trágico y hasta maldito, cuaja en dos fórmulas artísticas, estéticas, expresivas, que son minimización y primor.

Si remontamos la receptividad femenina del poeta —coexistente en él con su gran receptividad trágica, orgiástica, dionisíaca, fáunica e incluso fáustica (tan masculina esta última)— a pansexualismo, tendremos ya explicada la dualidad, tendremos explicado el contraste, que deja así de serlo. El Lorca más fuerte, más dramático, más varonil, tiene siempre un toque de minimización y primor, un toque femenino; por ejemplo, en el poema «Lamentación de la muerte», del *Poema del cante jondo*, que se abre con un estribillo y dos estrofas dramáticas:

> *Quise llegar a donde*
> *llegaron los buenos.*
> *¡Y he llegado, Dios mío!...*
> *Pero luego,*
> *un velón y una manta*
> *en el suelo.*

Mas a esta sobria anticipación de la muerte, tan popular y tan fuerte estéticamente, le sigue, inesperadamente, un quiebro femenil diminutivo:

> *Limoncito amarillo,*
> *limonero.*
> *Echad los limoncitos*
> *al viento.*

Y vuelve lo del velón y la manta en el suelo. El trazo valiente de la muerte. El contraste así es perfecto entre el ahora, cargado de vida, de limones, y el final inevitable. Pero convengamos en que para dar la sensación de vida alegre en sí no era necesario recurrir a los diminutivos, al diminutivo «limoncito», en singular y en plural. Primor y minimización, frecuentes y contrastantes en toda la obra de Federico, nos dan la otra cara de su doble busto, pero no olvidemos que también el pueblo andaluz es así. El primor en la manera y la minimización en el vocablo se dan en toda Andalucía, quizá con un fondo o trasfondo de feminidad, porque Andalucía es tierra femenina, bruja, y por eso vive de lo irracional y oscuro antes que de lo mental, pues sabemos que la naturaleza femenina es más naturaleza. De modo que ese feminismo genérico de lo andaluz —vigente incluso en la más viril peripecia andaluza, el toreo—, se da en

Federico García Lorca con caracteres muy peculiares, recogido por su excepcional receptividad (palabra que prefiero, como se habrá observado, a sensibilidad, porque dice más y lo dice menos tópicamente), y potenciado por su singular, poderoso pansexualismo.

Pero en *Primeras canciones* apenas hay contraste, apenas hay dualidad. Apenas hay homosexualidad poética, por decirlo así, ya que se trata de un libro de la minimización y el primor. De un libro femenino, pero femenino como puede hacerlo un hombre, pues bien sabemos que las mujeres más mujeres pueden tener «noches de capitán», como dijo un escritor español, y, por otra parte, cuando una mujer escribe en mujer, lo que sale es otra cosa. *Primeras canciones* es lo femenino de un hombre, no lo femenino de una fémina. Y queda así cancelado el posible acento peyorativo que el juicio de esta obra nos merece. He aquí una de sus canciones, la titulada «Primera página», que el poeta dedica «A Isabel Clara, mi ahijada»:

> *Fuente.*
> *Cielo.*
> *¡Oh, cómo el trigo*
> *es tierno!*
>
> *Cielo.*
> *Fuente.*
> *¡Oh, cómo el trigo*
> *es verde!*

Se trata de la segunda mitad de la canción. Lo primero que se echa de ver en ella —muy representativo de todo el libro— es el juego juanramoniano y popular a la vez —Juan Ramón tomó de lo popular— con dos o tres elementos de la naturaleza: fuente, cielo y trigo. Falta la moraleja estética —J. R. J. era un poeta de moralejas estéticas, no éticas— para redondear el juanramonismo de la pieza. Lorca, menos dado a moralejas, la elude siempre. Popular primero, juanramoniano después, culta finalmente, por lo estilizado del juego, esta canción no pierde su sabor natural gracias a la mano arcangélica de Federico. Pero hay en ella elementos extraños que denuncian su troquel culto, no popular, como ya hemos dicho. En general, la estilización poética. Y, en particular, ese «¡Oh!», que el pueblo español nunca dice. Ya el propio Juan Ramón distinguía entre el «¡Oh!» sajón y el «¡Ah!» español. «¡Oh, cómo el trigo es tierno!» La construcción es imperfecta en castellano. La sintaxis parece traducida o tomada de otro idioma. Quizá la ha utilizado Lorca por exigencias de la medida. En todo caso, con elementos tan heterogéneos, nos da un apunte muy andaluz, muy popular, muy de primera mano (si lo miramos, a su vez, a primera vista), y, finalmente, muy femenino. Como mejor quedarían estos versos es en labios de una moza del teatro del propio Lorca. (Aunque luego esas mozas y sus versos nos resulten hoy inevitablemente convencionales, que esto ya es otra cuestión.)

Minimización y primor, dos constantes externas de lo andaluz y de García Lorca. Dos constantes externas que quizá tienen manaderos muy hondos, ya lo hemos apuntado, en Andalucía y en su poeta.

En las páginas finales de este libro encontramos el magnífico soneto «Adán» y dos o tres poemas donde vuelve a ahondarse la vena poética, perdiendo su luminosidad de canción. «Canción», exactamente, se titula la composición final, por la que vuelan dos palomas misteriosas que a su vez son el sol y la luna:

> *Vecinitas, les dije,*
> *¿dónde está mi sepultura?*

Otra vez el diminuto, de tan extraño juego dentro de un poema de misterio y muerte. El diminutivo, como quitándole importancia al peligroso juego con lo desconocido. Luego, las palomas son dos águilas de mármol, a las que el poeta apela también en diminutivo: «Aguilitas, les dije.» Y una muchacha desnuda. Finalmente, vuelven a aparecer las dos palomas, queda en el aire la pregunta trágica —«¿dónde está mi sepultura?»—, a la que águilas y palomas dan extrañas respuestas, y las aves se funden como en el sueño:

> *La una era la otra*
> *y las dos eran ninguna.*

Todo el poema, por el que el poeta camina «con la tierra a la cintura», tiene una evidente calidad onírica. Otra vez el sueño como ámbito de las adivinaciones de la muerte. La muerte dentro del sueño.

Esta capacidad de Lorca para galvanizar los sueños es reveladora de su vivir entre dos aguas, entre la realidad y el misterio. «Entre el vivir y el soñar / hay una tercera cosa. / Adivínala», dijo Antonio Machado, a veces brujo también, por andaluz. De esa tercera cosa, en esa tercera cosa vive García Lorca, siempre entre el vivir y el soñar.

Lo onírico es la única puerta del infierno. Y no es preciso provocarlo mediante la droga o el alcohol. Cuántas veces el sueño nuestro de cada noche nos supone una auténtica temporada infernal... El viaje inverso, el traer los sueños a la vida, el ponerlos en pie mágicamente, como lo hace Lorca, es ya don de la ebriedad dionisíaca, capacidad de hombre que vive muy en contacto con las telas viscosas de lo subconsciente.

Este continuo comercio del poeta García Lorca con la muerte y con el sueño es tan revelador de su naturaleza anfibia, que sólo la banalidad o la cazurrería crítica han podido ignorarlo, deslumbradas por lo que hemos llamado el «colorín pseudolorquiano» (en el que, por cierto, y como ya hemos visto, hay también mucho que averiguar respecto de su oscuro origen). Queramos o no, Lorca es un poeta «con la tierra a la cintura». Empantanado siempre en todos los subsuelos de la naturaleza y el ser.

6

DESDOBLAMIENTO Y PERSONALIDAD

Empantanado en todos los subsuelos de la vida y el ser. No es una mera frase literaria, aunque bien sé que tampoco se corresponde exactamente con la biografía externa del poeta. Ni falta que hace. Somos tan superficiales, tan vanos, que casi nunca diferenciamos una conducta de una vida. ¿Qué sabemos nosotros de la vida interna de Lorca, de su metal último y más verdadero? Solamente —y no es poco— lo que nos revela en su obra, y su obra es, irrefutablemente, la de un alma que gravita, no la de un alma que levita. En cuanto a la conducta —simple itinerario de esa pura exterioridad que, a pesar de todo, es la vida—, tampoco está tan clara como para que podamos llevarnos las manos a la cabeza de alcornoques cuando se nos hace pensar en Lorca como poeta maldito. El que su biografía no corresponda exactamente a lo que se entiende por «poeta maldito», a lo que la literatura burguesa ha entendido por tal, es cosa que aquí no importa, pues llamo a Lorca maldito en función de su emparentamiento, cada vez más hondo y consciente o inconsciente, con las que convendremos en llamar fuerzas del mal, y no en función de una conducta de continua calaverada a la manera romántica: ajenjo y tiros entre Rimbaud y Verlaine. Aunque, para el gusto de los comidos por el morbo y de los críticos a ojo, también podrían obtenerse de la biografía del granadino algunos pormenores —sempiterno equívoco sexual, muerte trágica que lo convierte en mártir de una sociedad, como todos los malditos lo han sido— muy significativos para ilustrar nuestra teoría.

Pero preferimos quedarnos en ésta e ignorar aquéllos. Y la clave de tal teoría —sobre la que es preciso volver continuamente, pues sólo de elucidarla (de elucidar el alma de Federico) se trata aquí— se centra en el desdoblamiento de la personalidad del poeta, desdoblamiento producido paulatina o repentinamente, pero en todo caso con la necesaria precocidad, como queda probado en su inestimable y nunca bien estimada conferencia sobre el duende, donde, como vimos, hace propósito claro de despertar al subconsciente siempre que sea necesario, acudiendo a «las últimas habitaciones de la sangre», porque sólo del subconsciente puede obtener la materia prima para su obra. (Y quizá también para nutrir su vida.)

Este voluntario o involuntario desdoblamiento de la personalidad en consciencia y subconsciencia, al hacerse crónico o producirse de modo intermitente, crea una tensión continua en esa personalidad, que será ya por siempre una personalidad desgarrada. El desgarrón de Federico en persona es triple: desgarrón sexual, desgarrón psicológico, desgarrón moral.

El desgarrón sexual se produce al haber dado paso, desde el subconsciente, a las apetencias más secretas del eros. Decía el doctor Marañón que todo hombre lleva en la sangre un fantasma de mujer, y viceversa. Esto, que se refiere exclusivamente a las hormonas y su equilibrio bisexual en la criatura humana, es igualmente aplicable a lo psicológico. Aunque ni siquiera se hace necesaria tal traslación. Hay a quienes el fantasma se les presenta de forma corpórea, acuciante. Estos seres vivirán ya siempre desgarrados por su bipolaridad sexual, por su bisexualidad, ejercida o no. Es, me parece, el caso de García Lorca. Dejando aparte su personal peripecia erótica, lo que en su obra hemos llamado «minimización y primor» viene a denunciar al fantasma de lo femenino. La temática sexual de Lorca, obsesiva y perdurable, tan frecuente en cantar las gracias femeninas como las masculinas (aunque, en este último caso, casi siempre por boca de mujer), evidencia su desgarramiento sexual, que él sublima literariamente, dando lugar a lo que hemos llamado su pansexualismo. Bien entendido que este pansexualismo no es sólo literario, sino muy real, y el origen, quizá, de su extraordinaria y privilegiada receptividad humana y artística.

El desgarrón psicológico se produce entre la realidad y el sueño. El comercio continuo con el subconsciente, que en los sueños se enseñorea del ser, ha habituado al poeta a vivir cerca o dentro de ese mundo, bien por exigencia secreta, bien por necesidad o proclividad artística. García Lorca, tan eficaz, tan plástico para recoger y resumir la realidad externa, compagina estas cualidades con una misteriosa proclividad hacia lo onírico, y las compagina a veces dentro de un mismo poema.

Este desgarrón, que mantiene la psique perpetuamente alucinada, no es sólo un vagar por regiones intermedias, sino que adquiere carácter trágico, angustiado, pues de lo que se trata, ciertamente, no es tanto de la dualidad realidad-sueño como de la dualidad vida-muerte. La certidumbre más honda y secreta que el hombre lleva en sí es la de la muerte, la de su muerte, y esta certidumbre, por acallada —el hablar continuamente de ella no supone sino la forma más exasperada de acallarla—, emerge en las aguas del sueño ineluctablemente. Vivir asiduamente el mundo de los sueños supone dejarse atrapar una y otra vez por el monstruo de las profundidades, por la negra certidumbre de la muerte. La muerte aflora a los poemas sonámbulos de Federico (muchos más que su famoso «Romance»).

Tal asiduidad con la muerte y con el sueño llega a reteñir la realidad o a contrastarla desventajosamente, de modo que podemos ir siguiendo progresivamente en la obra de Federico esta crecida lenta e inexorable de las aguas del sueño y de la muerte por las laderas de la vida, hasta los poemas fúnebres de *Diván del Tamarit*.

El desgarrón moral se produce entre el Bien y el Mal, naturalmente. Porque la moral es una adquisición mental, racional. Y porque la moral, que cuando trata de parecer profunda toma del subconsciente aquello que puede presentarse como positivo, tiene, en verdad, una actitud radical de defensa y negación ante lo subconsciente, por la poderosa razón de que aquí, en el subconsciente, sitúa el reino infernal del demonio y el Mal. ¿Dónde, si no? Mas cuando el subconsciente vive despierto en un hombre —y ya sé que «despierto» no es la palabra, pues un subconsciente despierto dejaría de ser subconsciente—, cuando el álter ego vive actuante en el ser, las nociones morales están en peligro, entran continuamente en situaciones insolubles y, lo que es peor, se manifiestan parciales, escasas, ya que hay todo un hemisferio en sombra que nunca podrán localizar; sólo clausurar. Ya hemos visto cuán pronto abandonan a García Lorca sus nociones morales heredadas, familiares, pero un sentido de moral natural subsistirá en él siempre, pues el Bien no desaparece nunca de una conciencia, siquiera subsista solamente como punto de referencia antípoda del Mal —no sé si el fenómeno a la inversa se da en los santos—, de modo que el desgarrón entre el Mal y el Bien existe en Lorca, aunque sea mucho menos intenso y doloroso —y nada actuante— que el desgarrón psicológico y el desgarrón sexual.

En estos tres desgarros podemos cifrar los múltiples estragos que acarrea un desdoblamiento de personalidad. García Lorca vivió intensamente ese desgarramiento trino y uno, ese desdoblamiento de personalidad que, paradójicamente, le personifica.

7

«CANCIONES»

De Lorca podría decirse lo que de Milton dijo William Blake: «Es, sin saberlo, un gran poeta del partido del diablo.» Sin saberlo, porque Lorca no anduvo nunca complicado, que se sepa, en las ingenuas mascaradas de las misas negras y las rosa-cruz. Toda esa liturgia inversa, todo ese satanismo pueril —practicado muchas veces por clérigos desviados— en que son ricos los siglos XVIII y XIX, especialmente en Inglaterra, Irlanda, etcétera, nos hace hoy sonreír como lo que es: una concupiscencia con plena conciencia de pecado, una broma de beatos encerrados con el solo juguete del pecado dentro del ámbito estrecho de lo dogmático. Algo así como los niños que juegan a ser malos en el cuarto de los trastos, a escondidas de la madre y el padre, pero con la presencia de ambos gravitando penosamente sobre ellos. Quizá estas rebeldías de lucíferes de provincias estaban preparando de algún modo el ateísmo del siglo XX, aunque yo creo que este ateísmo ha llegado más bien por caminos filosóficos y científicos, antes que mediante el pintoresco trámite de las misas negras, efectivamente ridículo, como lo califican los escritores e historiadores católicos.

Federico García Lorca, salvo lo que hemos llamado su «etapa blasfematoria», inevitable en un futuro «poeta del partido del diablo», permanece saludablemente ajeno a tales ritos (subsistentes todavía en nuestro tiempo, en el suyo), si bien hemos de reconocer que en su afición por las razas que viven aún del esoterismo —gitanos, negros— puede haber una profunda e inconfesada proclividad hacia los ritos del Mal. En todo caso, creemos que, como va quedando subrayado en este libro, su vinculación a lo oscuro, su arraigo en el limo de que habla en la conferencia sobre el duende, es algo de carácter más profundo, que le vive en la sangre y se produce en su psique por el estado de dualidad, duplicidad o desdoblamiento que acabamos de estudiar. Este estado —dramático— va siendo progresivo en el poeta, como también hemos dicho, de modo que en los años de plena juventud aún no se ha hecho absorbente, y el otro Federico, el de la leyenda coloreada (que como sabemos tiene su origen en la minimización y el primor, de origen a su vez nada claro), nos da aún un libro como *Canciones* (1921-1924), de puro juego formal en gran parte. Aquí su duende es todavía el «demonio alegrísimo» de que él mismo nos ha hablado, o este demonio menor convive ya con el otro.

Entre las composiciones de este libro se encuentra aquella prodigiosa («El lagarto está llorando»), «a mademoiselle Teresa Guillén tocando un piano de cinco notas», donde la capacidad de minimización y primor de Federico, su panteísmo en comunión con toda la naturaleza, con sus mínimas bestias, llega a extremos de genialidad por vía de pureza. (Ya hemos dicho que Federico, en cierto sentido, es puro y amoral como los niños):

> *El lagarto está llorando.*
> *La lagarta está llorando.*

> *El lagarto y la lagarta*
> *con delantalitos blancos.*

El vislumbre trágico de lo andaluz asoma, empero, en algunos de los poemas, como constante significativa del alma del poeta:

> *Caballito negro.*
> *¿Dónde llevas tu jinete muerto?*
> ....
> *Caballito frío.*
> *¡Qué perfume de flor de cuchillo!*

Y la «Canción de jinete», ya citada anteriormente, que es uno de los mejores ejemplos de la poesía sonámbula de Lorca, con el tema típicamente onírico, como hemos estudiado, de la imposibilidad de llegar a algún sitio donde se está llegando:

> *Aunque sepa los caminos*
> *yo nunca llegaré a Córdoba.*

«Tres retratos con sombra» es un apartado del libro que reúne a Verlaine —todavía el culto expreso por los malditos «oficiales»—, el dios Baco —expresivo de su telurismo, de su hedonismo (forma pagana de lo satánico)—, Juan Ramón Jiménez y Debussy. («Baco» es como una acotación al poema verleniano; Juan Ramón Jiménez lleva como acotación el poema «Venus»; y Debussy, «Narciso». Acotaciones o «sombras» muy adecuadas.) «Canción del mariquita» es un desenfadado acercamiento de Lorca a un tema que él habrá de entender luego con grandiosidad en la «Oda a Walt Whitman», una minimización de algo mucho más profundo:

> *¡Los mariquitas del Sur*
> *cantan en las azoteas!*

«Lucía Martínez», poema recio y «macho», nos retrotrae al Lorca de *Poema del cante fondo* y es significativo de la intensa sexualidad de Federico:

> *Tus muslos como la tarde*
> *van de la luz a la sombra.*

Más adelante estudiaremos la sexualidad de Federico a partir de nuestra idea del «desgarrón sexual», pero es significativo subrayar ya, ahora, cómo la zona anatómica más citada por el poeta son los muslos. Muslos limpios de Margarita, muslos de cobre de la Petenera, muslos «como la tarde» de Lucía Martínez, muslos de la casada infiel, «como peces sorprendidos»; muslos masculinos de los arcángeles cantados en el *Romancero gitano*... Los muslos, poderosas compuertas del sexo, obsesionan directamente a Lorca. Por otra parte, los muslos son materia pura, según ha dicho el gran poeta de la materia, Pablo Neruda, y Lorca bucea siempre en el limo de la existencia. Los muslos, por fin, son en cierto modo asexuados: lo más femenino del hombre, quizá, y lo menos femenino de la mujer. La ambivalencia sexual del muslo sugestiona el pansexualismo de Lorca.

A este poema le sigue «La soltera en misa», donde el clima religioso está roto ya con absoluta desfachatez —que ni siquiera es escándalo, que está ya más allá del escándalo— por el erotismo de la intención:

> *Da los negros melones de tus pechos*
> *al rumor de la misa.*

En «Serenata» encontramos otra vez la obsesión de los muslos —«Anís de tus muslos blancos»—, servida por novísima metáfora, que se reiterará luego en *Amor de don Perlimplín con Belisa en su jardín*. Tanto la Lolita de este poema como Belisa tienen muslos de anís. Todo el poema «Serenata» lo encontraremos luego reelaborado —casi repetido—, y hay que pensar que quizá todas las versiones fueron escritas en las mismas fechas. El poema «En Málaga» nos presenta por primera vez otra obsesión erótica de Lorca:

> *...viene tu culo*
> *de Ceres en retórica de mármol.*

Los muslos y los glúteos —pulpa humana de vida, de materia ciega— polarizan el erotismo del poeta. Y quizá —o aún con más razón— nuestra teoría de la ambivalencia sexual de los muslos pueda ser aplicada a los glúteos como explicativa de las preferencias eróticas del escritor.

«Cancioncilla del primer deseo», de apariencia baladí, contiene un verso muy revelador:

> *En la mañana viva,*
> *yo quería ser yo.*

«Yo quería ser yo.» He aquí, insinuado, el desdoblamiento de personalidad, la conciencia de heterogeneidad del poeta. El fenómeno del desdoblamiento, característico, a mi entender, de esta clase de poetas, suele darse como tema de sus obras; así, el cuento *William Wilson*, de Edgar Allan Poe, el gran maldito de la literatura norteamericana. Y, generalmente, el álter ego del personaje es el demonio: para nosotros, el subconsciente, lo demoníaco por ignorado. (Por ignorado temido y no colonizado.) Aparte del desdoblamiento voluntario y obsesivo de Baudelaire en su vivir, el máximo ejemplo de estas duplicidades reales o literarias lo encontramos, en prosa, en algún personaje de Dostoievski, si bien no hay que confundir las personificaciones novelescas, teatrales o poéticas (Cernuda) del demonio con la caricatura de cuernos y levita que tanto abunda en todas las literaturas y que, por grotesca, no tiene nada de demoníaca ni, por supuesto, de dimensión psicológica. «Y en la tarde caída / quería ser mi voz», reitera Lorca en este mismo poema. Su duplicidad es sencilla, verdadera, natural, diríamos, casi, y, por lo tanto, nada espectacular. Por eso, quizá, les ha pasado inadvertida a los exégetas del poeta. En el poema «Narciso», unas páginas más adelante del libro que estamos comentando, todo esto queda mucho más claro:

> *Narciso.*
> *Mi dolor.*
> *Y mi dolor mismo.*

Si el desdoblamiento viene producido por el narcisismo —aunque siempre es al contrario, pues no puede haber narcisismo sin desdoblamiento previo—, tenemos que el hombre es ya él y su espejo. Él como espejo de sí mismo. El desdoblamiento como narcisismo tiene su más alto ejemplo en Baudelaire. El desdoblamiento como agonía, en Dostoievski. El desdoblamiento de Baudelaire es luciferino. El de Dostoievski, moral. No hay que decir que Lorca está más cerca de Baudelaire que de Dostoievski.

En «Granada y 1850», otra vez el tema del sueño, tocado ahora machadianamente mediante el símbolo de la fuente:

> *Yo*
> *sueño que no sueño*
> *dentro del surtidor.*

En «Preludio», unos versos que nos dan resuelto por el propio poeta todo el conflicto entre el mito sonriente que de él ha quedado y el rostro sombrío que nosotros le vemos:

> *Y esta angustia mía,*
> *para hacerla viva,*
> *he de decorarla*
> *con rojas sonrisas.*

Las rojas sonrisas decorativas han engañado a todos los tontos dispuestos a dejarse engañar. Y así ha nacido la imagen de un Federico falso.

En el poema «De otro modo» está el verso clave para ilustrar nuestra teoría del desdoblamiento de personalidad en Lorca, verso que ya anteriormente hemos citado:

> *Llegan mis cosas esenciales.*
> *Son estribillos de estribillos.*
> *Entre los juncos y la baja tarde,*
> *¡qué raro que me llame Federico!*

«¡Qué raro que me llame Federico!» La extrañeza angustiosa del propio nombre puede ser ápice o arranque de un desdoblamiento de personalidad. Todos hemos experimentado alguna vez esa extrañeza con una sensación de vértigo. En «Canción del naranjo seco» encontramos esta pregunta: «¿Por qué nací entre espejos?» Y esta afirmación: «...la noche me copia / en todas sus estrellas». O esta otra, angustiada ya, que el poeta formula tomando la voz del naranjo seco o poniéndosela: «Quiero vivir sin verme.» Es el tema del desdoblamiento y el narcisismo tratado y sentido de modo angustioso. El hombre que ha fomentado su duplicidad, experimenta de pronto el mareo de esa duplicidad, la angustia, el desgarrón, la tensión de ser dos. Y desea abolir tal duplicidad: «Quiero vivir sin verme.» El que quería ser él mismo, Narciso y su dolor, el que sueña que no sueña dentro del surtidor, el que encuentra raro llamarse Federico, no puede, por fin, soportar la trágica duplicidad, el espectáculo de sí mismo, y quiere vivir sin verse. El desdoblamiento de personalidad, como todo fenómeno demoníaco, es extenuante.

8

LIRISMO OBJETIVO Y LIRISMO SUBJETIVO

Los profesores de literatura y los críticos de fórmula más tradicional suelen hacer una distinción entre lirismo objetivo y lirismo subjetivo.

Entendemos por lirismo objetivo aquel que nace de la contemplación de lo externo —la naturaleza o la vida—, o se polariza en ello y hace que el poeta se dedique a cantarlo. Este lirismo, sin más, quedaría en poesía descripcionista, en paisajismo —real o imaginativo—, y sólo se da como fase previa en un poeta, pues del poeta que se quede para siempre en esa fase bien podemos decir que padece infantilismo crónico. Esta forma de ingenuismo la encontramos en algunos clásicos griegos, pero si tomamos a Grecia como la infancia de Occidente —una infancia bien precoz, es cierto—, queda compensado tal ingenuismo. Lo cierto es que el lirismo objetivo puro no se da casi nunca y que lo que hace el poeta es proyectar sobre el paisaje su estado de ánimo, o bien tomar el paisaje como metáfora previa que luego aplicará a ese estado anímico. Obviamos el poner ejemplos sobre esto porque todos resultarían de manual. Lirismo objetivo, pues, es ir de fuera adentro o de dentro afuera, pero sin quedarse nunca en el descripcionismo objetivo, la narración o el apunte del natural. (Actitud artística, por otra parte, imposible de absolutizar, pues en todo cuanto el hombre hace, en cómo lo hace y, más aún, en el hecho mismo de hacerlo, manda ya la subjetividad.)

Si todo lirismo es subjetivo, ¿cómo hacer la distinción entre objetividad y subjetividad lírica? Lirismo objetivo es el que va de fuera adentro o de dentro afuera. Lirismo subjetivo es el que va de dentro a más adentro.

No quiere esto decir que el lírico subjetivo puro —que quizá tampoco puede darse, pues la exterioridad de su naturaleza traicionará siempre al hombre— ignore en absoluto el paisaje, la belleza o el horror del mundo que le rodea, la vida. Quiere decir, más bien, que el lírico subjetivo tiene un carácter más confesional en lo que escribe y —sin caer en el filosofismo, en el conceptualismo dentro de la poesía—, sabe prescindir de las metáforas recurrentes para metaforizar siempre a costa de sí mismo. No hay lirismo sin metáfora, por muy subjetivo que sea, y quizá la clave del subjetivismo lírico es la metáfora interior, en tanto que la característica del lirismo objetivo —y hablamos de objetivismo y subjetivismo como valores entendidos y relativos, por supuesto— puede ser la metáfora exterior. Cuando el poeta metaforiza la rosa para hacernos llegar la emoción de su belleza por suplantación —la metáfora es suplantación, todo el arte es una gran metáfora en el sentido de que es una gran suplantación de la realidad—, podemos decir que se trata de un lírico objetivo. Cuando el poeta, al metaforizar la rosa, ni siquiera se está refiriendo a la rosa, sino que la utiliza como valor entendido, como argot poético —toda la poesía no es sino un argot sublime en que las cosas son nombradas convencionalmente, corazonalmente, arbitrariamente, a veces sin otra justificación que la puramente onomatopéyica, como en los argots populares—, podemos decir que se trata de un lírico subjetivo. Es toda la diferencia entre la rosa cantada en los juegos florales y la rosa de Rilke.

Argot sublime o sublime argot, sí, la poesía, que tiene en común con los argots del pueblo su irracionalidad, su intuitivismo, su afán de llamar a las cosas por otro nombre, de rebautizarlas, y no mediante ningún rito semántico, sino, muy al contrario, por afinidades y asociaciones de ideas, de imágenes, de sonidos. Por eso cualquier argot popular, a la inversa, tiene siempre algo poético. Llamar al dinero «estiércol», que le llama Papini, es tan argot como llamarle «pasta», que le dice el pueblo español. La metáfora peyorativa de Papini se apoya visualmente en el color amarillo del estiércol, semejante al del oro. La metáfora socarrona del pueblo se apoya en la consistencia de la moneda de metal para llamar al dinero «pasta». Se trata de dos suplantaciones sensoriales, de dos metáforas.

Por eso la poesía es más lírica, más subjetiva, en la medida en que es más argot, y más objetiva cuando es menos argot, cuando las cosas están nombradas menos caprichosamente, más de acuerdo con lo que son en la naturaleza y con su definición idiomática tradicional. Lo poesía objetiva se hace con metáforas exteriores, racionales y razonables —aun dentro de toda su posible sorpresa expresiva—, y la poesía subjetiva se hace con metáforas interiores, irracionales, irrazonables muchas veces.

Federico García Lorca, por su poder de síntesis descriptiva, ha venido siendo entendido como lírico objetivo, narrativo, dramático. Efectivamente, todo esto existe en él, pero no es sino la puesta en escena de su lirismo subjetivo, trágico, que no siempre va de dentro a más adentro, como hemos dicho antes de la lírica subjetiva, sino que más frecuentemente va de dentro afuera. Pero esto no debe engañarnos, porque, aunque sea tantas veces un poeta descriptivo y narrativo, su metaforismo es siempre interno, no externo. Lo que quiere decir que el drama que describe no es tal drama, sino la dinamización exterior de su tragedia interior. Lorca, que pasa por un poeta dramático, es, en realidad, un trágico. El drama no es otra cosa que el argumento que él le pone a su tragedia íntima, congénita, inargumentable en todos los sentidos de la palabra argumento: en el de narración y en el de razonamiento. Tragedia no narrable ni razonable la de Lorca. Tragedia inenarrable —«inenarrable» tanto en el sentido hiperbólico como en el literal— y tragedia irrazonable e irracional. Por eso sus poemas, como dijo Dalí del «Romance sonámbulo», parece que tienen argumento, pero no lo tienen. Lo trágico, en él, tira de lo dramático, y lo deja truncado, inexplicado. (El dramático Lorca sólo se emancipará del trágico Lorca haciéndose dramaturgo; pero, tras el dramático y el dramaturgo, asoma siempre el trágico, porque la dramaturgia de Lorca —y de ahí su grandeza— no es otra cosa que la válvula de escape de su dramatismo, y su dramatismo, la dinámica de su tragicismo.)

Hagamos nuevamente el recorrido de fuera adentro: Lorca, poeta objetivo, descriptivo y narrativo, lo es sólo en función de su sentido de lo dramático, y su dramatismo no es sino la puesta en escena de su tragicismo. Luego Lorca es un poeta trágico, un lírico subjetivo que nos engaña con historias de gitanos, negros y casadas infieles. Hasta ahora nos hemos creído todas esas historias y de ahí nace el falso entendimiento de Lorca como poeta puramente plástico, solamente plástico —cuando nadie es solamente eso, y él menos que nadie, aun siéndolo tanto.

La confirmación externa, formal, la confirmación en su obra de esto que decimos de su persona, puede encontrarse aplicándole la teoría del argot que antes hemos esbozado. Lorca escribe siempre o casi siempre en sublime argot lírico; no se limita a recrear la naturaleza o los sentimientos mediante fáciles o ingeniosas suplantaciones metafóricas. Su nombrar es siempre sorprendente y oportuno. «Poesía es una palabra a tiempo», decía él, con definición del oficio muy concreta, que nada tiene que ver con la machadiana «palabra en el tiempo», de dimensión existencial. La riqueza y novedad del metaforismo lorquiano, tan malentendida como síntoma de una sensualidad poética exteriorizante, nace de que su nombrar, como acabamos de decir, es arbitrario y hasta atrabiliario (como el del pueblo, pero por la otra punta), porque está escribiendo siempre intuitivamente, sin llegar al automatismo de Santa Catalina de Siena, pero sí movido por el duende, al que previamente ha provocado, según explica que debe hacerse, y como corresponde a un poeta de lo oscuro. Cualquier ejemplo vale al respecto:

¡Qué perfume de flor de cuchillo!

Se trata de un caballo negro y frío que lleva un jinete muerto. Hay que suponer que la flor de cuchillo es la sangre de la herida abierta por arma blanca. Con lo que volvemos a la metáfora de la rosa. La rosa ha sido siempre, en poesía, suplantación de la sangre o suplantada por ésta. Pero ya decía Eugenio d'Ors que cuando el poeta habla de «una rosa de sangre» no está sólo estableciendo una equivalencia, sino que ha creado un objeto nuevo, un objeto poético, una realidad distinta de la realidad: una rosa de sangre. Es decir, lo imposible; es decir, lo poético. Así, Federico García Lorca, en su hallazgo excelso, que renueva la metáfora tradicional flor-sangre, no solamente nos hace ver que una herida es una flor abierta por un cuchillo, sino que crea un fenómeno nuevo, extranatural, poético: el cuchillo puede dar flores. Puede haber flor de cuchillo, como flor de almendro o flor de cerezo. Y es el cuchillo asesino el que queda así redimido, poetizado. «Flor de cuchillo» es argot poético. Es algo más que imaginería externa, descriptiva. Es poesía lírica subjetiva. Federico García Lorca —ya lo sabíamos— es un poeta lírico subjetivo.

9

LOS GITANOS

La vocación andaluza del andaluz García Lorca se polariza —pasando por el cante jondo y el pueblo todo de su tierra— en los gitanos. Él rechazará, una vez creada, la «leyenda de gitanería», en carta a Jorge Guillén, como hemos visto al principio de este libro. Pero lo cierto es que los gitanos son una presencia en toda su obra, una constante, y que los gitanos hacen nacer uno de los libros más importantes del poeta, el famosísimo *Romancero*, que sólo la cursilería culta de los cultos más tocados de cursilería puede postergar hoy como libro folklorizante, sin entrar en su profunda dimensión dramática (y ya acabamos de ver cómo lo dramático, en Lorca, no es sino la puesta en marcha de su tragicismo).

La atracción de Lorca por los gitanos puede explicarse a diferentes escalas de profundidad. He aquí algunas de ellas, quizá las fundamentales: atracción por el esoterismo de la raza; atracción puramente sexual; simpatía reivindicativa, vagamente politicosocial, por una raza postergada... Seguramente, todas estas razones, y otras muchas, irrazonables en su mayoría, irracionales algunas, se anillan unas a otras en el gitanismo de Lorca. En todo caso, para confirmar la vocación de Lorca —si es que se puede decir así— como poeta maldito, baste con considerar —como hemos apuntado al principio de nuestro libro— que él es el cantor de tres grandes razas malditas de nuestra civilización. Los gitanos son una de ellas, la que tiene más cerca.

Lorca, vocado y abocado a lo esotérico, como todo poeta «del partido del diablo», se siente atraído por el esoterismo de los gitanos, y recrea sus ritmos y mitos en el *Romancero*. Ese fondo oscuro de gitanería que tiene Granada, ese fondo hormigueante, ritual, «noble y sucio», como decía Maurois de todo el Oriente, sugestiona al poeta. Lorca va hacia los gitanos, entre otros impulsos, por atracción de lo esotérico. Pero ahora nos gustaría, como siempre, formular la cuestión a la inversa. El secreto esoterismo de Lorca le vincula a la «gente del bronce», a la «ciudad de los gitanos». («¡Ay, ciudad de los gitanos / quién te vio y no te recuerda!») En cualquier caso, la profundización de Lorca en los orígenes oscuros, en las costumbres atávicas de esa raza, es prueba tan evidente de su gusto y regusto por lo mágico, por la vida entendida como exorcismo y fatalismo, que confirma su extraña fe en las fuerzas secretas —y que por secretas llamamos demoníacas— de la tierra. Tomar la gitanería de Lorca como simple folklorismo es una lamentable sordera para sus versos. Bien entendido que en el gitanismo de Lorca hay mucho folklore transfigurado, mucho esteticismo, pero ya hemos dicho hace rato que el esteticismo exasperado, el culto a la belleza —y sobre todo a las bellezas heterodoxas con respecto de la belleza ortodoxa— es ya un síntoma casi inequívoco de satanismo consciente o inconsciente.

La atracción puramente sexual de Lorca por los gitanos parece evidente a lo largo de su obra y concretamente del *Romancero*. Gitanos y gitanas son mitificados sexualmente, desde los pechos de Soledad Montoya, que «gimen canciones redondas», hasta el perfil (ambivalencia sexual o pansexualismo de Lorca) del Camborio, «viva moneda que nunca / se volverá a repetir». La poderosa y obsesiva sexualidad de Lorca se polariza durante largo tiempo de su vida —adolescencia y juventud— en los gitanos, porque la libido —y casi da vergüenza decirlo, de tan obvio— no es sino una sublimación del sexo por la imaginación, y la imaginación se nutre de exotismos. (Exótica, sexualmente, es la criada cerril para el señor marqués, que traiciona con ella a la señora marquesa.) Exóticos, para el payo Lorca, son los gitanos, y no sólo en el sentido pintoresco y turístico de la palabra «exotismo», sino en el que acabamos de apuntar. La imaginación —sobre todo la imaginación incendiada por lo sexual, la libido— vive de buscar y quemar exotismos. Un cuerpo siempre es exótico para otro cuerpo..., y en seguida deja de serlo. Llamo exotismo sexual a lo que Machado llamaba, en amor, «lo esencialmente otro». El sexo busca siempre lo esencialmente otro, lo cual no es un principio de heterosexualidad, como creía el buen don Antonio, sino que lo esencialmente otro no es necesariamente el otro sexo; lo esencialmente otro es, psicológicamente, otro ser, exótico para el que lo contempla, aun cuando sea del mismo sexo. Lo esencialmente otro, pues, puede darse y se da en la homosexualidad, puesto que no se trata de la «otredad» sexual (clandestina, pero existente, por otra parte, en la homosexualidad), como de la otredad psicológica, física. Aquello que Novalis resumía diciendo: «Poner el dedo sobre un cuerpo es tocar el cielo con la mano.» Y, en cierto modo, lo que apunta Pedro Salinas en su verso: «El destino del cuerpo es otro cuerpo.» Sí, el destino del cuerpo es otro cuerpo, pero no por identidad de los cuerpos, sino precisamente por exotismo de los cuerpos respecto unos de otros.

Así vemos en qué profundo sentido, y también en el inmediato, los gitanos y las gitanas son exóticos para Lorca y, por lo tanto, atraen su sexo poderosamente. Son exóticos porque son «otros», más otros que los payos como él. Lo exótico quema su libido, como cualquier libido en libertad.

La simpatía vindicativa, vagamente politicosocial, por una raza maldita, se explica bien, en lo de «politicosocial», por ese principio de rebeldía y anarquismo que hemos estudiado ya en el maldito, y que no es sino identificación con su propio anarquismo personal, más profundo, más radical, más absoluto, y por lo que él tiene también de postergado, de paria, de hombre al margen de la sociedad y sus normas, aun cuando parezca nutrirse confortablemente de ellas, como es el caso de Lorca (que así ha engañado a tantos involuntariamente). El que se sabe secretamente desarraigado de la sociedad en que vive, experimenta la angustia de no ser nadie, nada —uno solo— frente a esa poderosa sociedad (la sociedad es siempre poderosa respecto del individuo). Y entonces buscará —o encontrará— jubilosamente toda una clase, toda una raza, todo un grupo humano con el que solidarizarse en su rebeldía, en su desarraigo, para tener respaldo y sentirse menos solo. Se trata, en todo caso, de simples «compañeros de viaje», como se dice ahora. La rebeldía del maldito y la rebeldía social o política tienen puntos de contacto —y muchos—, pero son divergentes. El rebelde social, el revolucionario, va a integrarse en la sociedad. El rebelde existencial va, sencillamente, a desintegrarse.

Los gitanos hacen nacer el primer libro importante,

definitivo, de Lorca: el *Romancero gitano* (1924-1927). En el primer poema de este libro, «Romance de la luna, luna», los gitanos son «bronce y sueño». La luna —«pupila de Satán» la había llamado el poeta en un libro anterior, como recordaremos— simboliza a la muerte que viene a la fragua y se lleva un niño gitano. Un niño gitano muere en la fragua cuando los gitanos están ausentes. Los bellos gitanos, «bronce y sueño», son presentados ya como mito y víctima en este primer poema. En el segundo, «Preciosa y el aire», Preciosa, gitana, es nueva víctima inocente, como el niño de la fragua, mientras «los carabineros duermen / guardando las blancas torres / donde viven los ingleses». Es ahora el aire el que persigue a la niña, como antes fue la luna. Lorca simboliza poéticamente en la naturaleza los elementos extraños que tienen asediados y amedrentados a los gitanos. Pero, en contraste con este mundo desvalido, con esta raza desvalida, hay otro mundo fuerte y protegido: el de los carabineros y los ingleses. Esta vez la niña se salva, pero ha quedado en evidencia el desvalimiento de su especie entre gentes poderosas y elementos acosantes de la naturaleza y la vida.

En «Reyerta», Lorca alcanza ya la plenitud de su tono épico o épico-lírico (un poeta muy posterior acuñaría luego la palabra «epilírica»). Ese tono es el que caracteriza a todo el *Romancero*. Lo épico, lo dramático, es, como hemos intentado probar, la dinamización de lo trágico en el alma de Lorca. Pero no por eso podemos dejar de considerarlo en sí mismo, en lo que supone de novedad o renovación para la poesía española de los años veinte, y de hallazgo valedero para toda nuestra historia literaria posterior e incluso anterior. En «Reyerta», «La tarde loca de higueras / y de rumores calientes / cae desmayada en los muslos / heridos de los jinetes». En todo el libro, como a lo largo de la obra total del poeta, los muslos son referencia lírico-erótica recurrente. Ya hemos visto con anterioridad el significado que a esto puede dársele. El «Romance sonámbulo» es, quizá, el mejor poema de este gran libro. En él alcanza su máxima expresión el onirismo lorquiano, que asimismo hemos estudiado:

> *Bajo la luna gitana,*
> *las cosas la están mirando*
> *y ella no puede mirarlas.*

Tras el sonambulismo desconcertante del «Verde que te quiero verde», frase capicúa y sin sentido claro, como las que formulamos en el sueño, esa mujer, mirada por las cosas y a las que ella no puede mirar, es ya un elemento onírico de primer orden. Hay en esa vivificación de las cosas, a costa de la cosificación de una vida, elementos surreales que no se integran fácilmente en las fórmulas del surrealismo vigente por aquellos años —los años en que fue escrito el poema—, sino que son onirismo puro, juego intuitivo con el subconsciente, prodigiosa galvanización de los sueños. Para Lorca, en cuyo argot lírico un canario es un «trino amarillo» —sinestesia ya muy estudiada en estilística—, una gitana es una mujer verde. Esa mujer espera a alguien. No se sabe a quién ni por dónde vendrá.

Mas, de pronto, irrumpen dos hombres en el ámbito del poema. Vienen hablando de oscuros chalaneos y de sangre. Hay una referencia geográfica muy concreta, que contrasta con la vaguedad de escenarios del poema: «Compadre, vengo sangrando / desde los puertos de Cabra.» Es característico de los sueños este vislumbre de realidad repentina, de localización exacta, entre la vagarosidad del conjunto. El diálogo entre los dos hombres llega a hacerse a veces muy concreto, pero, en seguida, el que viene herido empieza a desviar líricamente y pide subir a los «barandales de la luna / por donde retumba el agua». Según habíamos intuido, el «mocito» que viene herido busca a la mujer verde. Pero la mujer ya no está, después de tanto esperar. «Un carámbano de luna / la sostiene sobre el agua.» Ha habido una traslación rápida, como en los sueños. La mujer de la baranda está ahora ahogada en el agua. ¿Cuándo ha ocurrido, cómo? Toda la magia del poema resulta de su envés, de lo que el poema no dice, no cuenta, de lo que hemos de imaginar. Ya hemos hecho alusión en otro momento a la frase de Salvador Dalí, referida a ese romance: «Parece que tiene argumento, pero no lo tiene.» Pues bien, sí que lo tiene. Tiene el confuso, mágico y secreto argumento de los sueños. No es un poema; es una pesadilla, una alucinación, una visión onírica. Aparte de su sugestión artística, lo que nos importa de él es su cercanía al mundo del sueño, reveladora de la proclividad de Lorca a ese mundo, proclividad reveladora a su vez de tantas cosas, como hemos visto. «Guardias civiles borrachos / en la puerta golpeaban.» Estos dos versos, hacia el final del poema, nos traen bruscamente a la realidad más dura. Antes eran carabineros dormidos. Ahora, guardias civiles borrachos. La fuerza legal, el poder instituido, como contrapunto odiado del mundo angélico y diabólico de los gitanos. Como en los sueños, la intromisión de una realidad demasiado evidente basta para despertarnos. Para despertar el poema y devolverle a su realidad artística, a su paralelismo con la realidad real. Ya dice Sartre en *Lo imaginario* que las imágenes del sueño carecen de significación real, contra lo que se ha venido diciendo desde Freud, pues lo que caracteriza al sueño, precisamente, es la imposibilidad de formular imágenes reales, ya que en el momento en que formulamos una imagen real estamos despiertos. (Diariamente podemos observar que lo que creemos el despertar de nuestro sueño nocturno está precedido por una formulación absolutamente lógica que viene a romper todo el capricho de soñar. El consciente se ha abierto paso a través del subconsciente. Estamos despiertos.) Una vez roto el hechizo, el sueño —volvemos al poema—, por la intrusión de los guardias civiles borrachos, realidad realísima y temida u odiada, el romance se cierra con dos versos absolutamente objetivos, descriptivos, «despiertos»:

El barco sobre la mar.
Y el caballo en la montaña.

«La casada infiel» parece ser el ápice de la sexualidad de Lorca. Este poema se ha universalizado por lo sabroso de su anécdota, por lo directo de la narración y por la belleza del estilo. Efectivamente, «La casada infiel» pone de manifiesto el vívido erotismo de Lorca en sus versos y, por otra parte, acude a tema tan del gusto del español como es el de la casada adúltera, tanto por lo que ella supone de gozosa excepción a unas normas rígidas que entre todos hemos establecido —y por eso mismo nos gusta quebrantar—, como por el revés hilarante de marido burlado que el adulterio femenino supone. Toda la elemental y a la vez complejísima textura erótica de la vida española juega en «La casada infiel», vista, además, desde la perspectiva de la libertad, desde el hombre libre que seduce y burla, tipo mítico para españoles y españolas, tan aherrojados mutuamente por los atavismos de una moral sexual artificiosa, pero fuerte, rígida, difícil. Mucho se ha escrito sobre el secreto encanto de Don Juan, sobre su vigencia y su atractivo universales. Y yo creo que no otra es su aura que el aura de la libertad. Don Juan es la libertad en acto —en acto sexual, que es el acto-límite—, y por eso queda mitificado secretamente en el alma carcelaria de cualquier hombre o mujer integrados en una moral, alienados por la sociedad y por la propia necesidad humana de alienarse, de limitarse en algún sentido, de restringirse en algo para ampararse en otro algo. El hombre no es capaz de libertad absoluta, porque el miedo atávico le lleva a crearse sus propios alienamientos, pero en su fondo alienta un ansia confusa de libertad pura que necesita configurar en mito o mitificar cuando se la dan configurada. Y esa configuración se llama Don Juan.

Bien entendido que «La casada infiel» no es un poema de donjuanismo, ya que el protagonista masculino y narrador del poema parece tener sus principios —«No quiero decir por hombre las cosas que ella me dijo»—, en contra de la baladronería parlanchina de Don Juan, y su ética —«Me porté como quien soy, como gitano legítimo»—, que le impide enamorarse de una mujer casada (o, sencillamente, de una mujer que le ha mentido: «me dijo que era mozuela cuando la llevaba al río»).

«La casada infiel» es un poema de seducción, pero no como se le ha venido entendiendo hasta ahora; no de seducción de una mujer casada por un gitano legítimo, sino de seducción de un gitano legítimo por una mujer casada, ya que es ella la que engaña al hombre haciéndole creer que es mozuela, soltera, virgen, pues que de otro modo habría sido imposible, según se deduce de la ética del protagonista (que, como ahora veremos, no parece ser el propio poeta). Es ella, en fin, la que se lo lleva al río. El poema debiera empezar así: «Y que ella me llevó al río / diciendo que era mozuela.» Con esto, Federico, buen conocedor de la mujer —como todo hombre en la frontera de los sexos—, nos da, no sé si conscientemente, la clave de algo que ya sabíamos: en la estrategia erótica no se ha dado nunca el seductor. Es siempre la mujer quien seduce, quien elige, aun bajo todas las apariencias de seducida. Puesto que sólo es posible seducir —violencias aparte— a quien está previamente dispuesto —dispuesta— a seducirse, no cabe hablar de seducción por parte del hombre, sino todo lo contrario, y el que hable de tal no es sino un pobre fanfarrón ignorante. La mujer, para el amor sexual —el matrimonio es un hecho social de características muy distintas—, elige siempre. El hombre es pura disponibilidad sexual indiscriminada y la mujer, por su naturaleza introvertida, es pura discriminación. Sólo seduciremos a la mujer dispuesta a seducirnos dejándose seducir, porque este «dejarse» forma parte de la femenina estrategia, que no es, por supuesto, una estrategia mental, sino intuitiva e instintiva, fisiológica, casi. El primer goce erótico de la mujer está en sentirse forzada, pero forzada por quien ella desea que la fuerce, de modo que así queda enmascarado su juego —sin ella proponérselo claramente casi nunca—, y este equívoco ha llevado al hombre secularmente a sentirse seductor, avasallador, irresistible, tonto. Lorca, con buena intuición de la verdad, nos la presenta como es, si bien el romance tiene una primera apariencia de seducción masculina, tan contrastante con el decepcionado final. (Los decepcionados finales masculinos, aun en las ocasiones más afortunadas, no tienen otro origen que el descubrimiento, quizá sólo intuido, vago, pero evidente, del juego femenino.)

Hemos dicho que el hombre es pura disponibilidad sexual indiscriminada. Por eso, cuando su disponibilidad ha sido ejercida mediante la posesión de una mujer y advierte confusamente, en las últimas sinceridades tácitas, posteriores al juego sexual, que su disponibilidad —de la que tampoco es muy consciente— ha sido estafada, aprovechada, saqueada por la seducida-seductora, y nunca al contrario, sobreviene la réplica psicológica, la respuesta ética: «y no quise enamorarme / porque teniendo marido / me dijo que era mozuela...».

La mujer, sí, por su potencial naturaleza de madre, por su introversión fisiológica, por su natural monoandria, por su aceptación tácita, secreta o explícita, idealizadora, de la superioridad del otro sexo, es pura discriminación, ya que entre los hombres busca siempre al hombre, mientras que el varón, disperso en su disponibilidad, en cada mujer busca siempre a las mujeres. El que luego, socialmente, el hombre sea el que elige, no prueba sino cómo la sociedad corrige a la naturaleza, la modifica exteriormente en su beneficio, en beneficio de la propia sociedad, pero no sin los traumas individuales inevitables y cotidianos en hombres y mujeres.

¿Es Lorca el protagonista de «La casada infiel»? El que narre en primera persona sería significativo si las cosas no quedasen claras al final: «Me porté como quien soy, / como gitano legítimo.» Lorca no es gitano legítimo ni ilegítimo. Si ha introducido en el poema algunas experiencias y obsesiones eróticas personales (la obsesión de los muslos: «Sus muslos se me escapaban / como peces sorprendidos»), esto, que es recurso de todo escritor, no autoriza a adjudicarle la aventura de la casada infiel. Por eso, por dudosamente autobiográfico, dudo yo de que este poema sea el ápice de la sexualidad de Lorca —aun cuando tópicamente se le haya tomado como el más representativo al respecto—, ya que hay otros muchos momentos de su obra, fugaces a veces, en que el profundo y secreto estremecimiento sexual de su ser se nos hace más evidente y, por supuesto, menos anecdótico; es decir, menos superficial.

En el bellísimo «Romance de la pena negra», Lorca utiliza una técnica de diálogos confundidos, no puntuados como tales diálogos, que es común a todo el libro y de especiales efectos en esta composición. En muchos de los poemas del *Romancero* el poeta dialoga con los protagonistas de sus versos, incluso aparece de pronto en escena o es invocado por ellos: «¡Ay, Federico García, / llama a la Guardia Civil!» Quiere decirse que hay en Lorca una voluntad de convivencia y compenetración con el mundo gitano. Lorca, payo viviendo la vida de la gitanería, es en este libro exactamente lo que hoy llamaríamos un «quinqui» («quinqui es el que vive a la manera gitana siendo blanco). Aunque luego el poeta rechace su leyenda, como ya hemos reiterado, en el *Romancero* hay una convivencia real o un significativo afán de convivencia, de integración en el mundo gitano, y esto es muy revelador de su atracción agudísima, congénita, por lo que él, en el citado «Romance de la pena negra» —donde Soledad Montoya gime por sus «muslos de amapola»—, llama «pena de cauce oculto».

En el poema «San Miguel» (Granada), leemos:

> *San Miguel, lleno de encajes,*
> *en la alcoba de su torre,*
> *enseña sus bellos muslos*
> *ceñidos por los faroles.*

Lorca canta los bellos muslos del arcángel como acaba de cantar los muslos de amapola de Soledad Montoya en el poema anterior. Esta incidencia puede subrayar —si es que hiciese falta subrayar algo— la ambivalencia sexual que para Lorca tiene el muslo. En los poemas «San Miguel», «San Rafael» y «San Gabriel», Lorca ensaya una paganización, una andalucización de la mitología cristiana que, naturalmente, está muy lejos de todo fervor religioso y tiene un valor puramente estético, ya que, como hemos visto, Lorca, tras rechazar en sus primeros tiempos el mundo de la fe católica ortodoxa —y mucho más que eso—, no da por clausurada la temática —o su formación y su tierra se la imponen—, sino que va a utilizarla de una manera profana, esteticista y a veces equívoca, paraerótica, como en los romances a los arcángeles citados. Así, San Miguel es «efebo de tres mil noches, fragante de agua colonia y lejano de las flores». Todo un irrespetuoso dechado de homosexualidad. En este mismo poema asoman «los culos grandes y ocultos como planetas de cobre» subrayando el erotismo de toda la composición, de arranque nominalmente religioso, con otra de las obsesiones sexuales del poeta. Todo el romance es un delicioso juego esteticista, imaginativo, donde lo religioso está tomado por lo que la liturgia y lo clerical puede tener de relumbre plástico:

> *Y el obispo de Manila,*
> *ciego de azafrán y pobre,*
> *dice misa con dos filos*
> *para mujeres y hombres.*

El siguiente romance «arcangélico», «San Rafael» (Córdoba), nos presenta «niños de cara impasible» que «en la orilla se desnudan, aprendices de Tobías y Merlines de cintura», y un «arcángel aljamiado». Y «San Gabriel» (Sevilla) se inicia así:

> *Un bello niño de junco,*
> *anchos hombros, fino talle,*
> *piel de nocturna manzana,*
> *boca triste y ojos grandes,*
> *nervio de plata caliente,*
> *ronda la desierta calle.*

Siguen los piropos y luego «las guitarras suenan solas / para San Gabriel Arcángel, / domador de palomillas / y enemigo de los sauces».

> *El Arcángel San Gabriel,*
> *entre azucena y sonrisa,*
> *bisnieto de la Giralda,*
> *se acercaba de visita.*
> *En su chaleco dorado*
> *gritos ocultos palpitan.*

Se trata de una bella recreación del tema evangélico de la Anunciación, referido a una gitana encinta que se llama, precisamente, Anunciación de los Reyes. Lorca se acerca al tema con extremada delicadeza, secularizando el misterio católico sin caer en la blasfemia. Tomando, con su prodigiosa receptividad, toda la bella vidriosidad de la anécdota del Evangelio para referirla al mundo «maldito» de los gitanos. No hay en él blasfemia ni, casi, irrespetuosidad, pero tampoco hay ninguna clase de unción, por supuesto.

En general, estos tres poemas, de nomenclatura y temática en cierto modo religiosa, nos prueban, por su manera esteticista, humanizante, desacralizada, de tocar el tema, cómo en Lorca la vivencia religiosa se ha quedado en mera sugestión plástica, literaria, anecdótica, verbal y nada más. No hay aquí la rabia, la rebeldía, la blasfemia de sus primeros poemas religiosos. Pero esta alegría indiferente para acercarse a la mitología cristiana es, bien lo sabemos, mucho más alarmante que la rebelión de antaño. Ahora sí que Lorca está lejos de la fe. Tan lejos que puede jugar con sus motivos frívolamente, incluso equívocamente, eróticamente. Cualquier teólogo, cualquier moralista vería aquí al demonio. Si algo caracteriza a la gran literatura europea del demonio es su frigidez para tratar los temas sagrados —o los temas malditos— como si se tratase de una abstracción o de una fábula griega. Nada de sacrilegio. El artista de esta naturaleza ha perdido la conciencia de sacrilegio. No es sacrílego porque carece de la noción de lo sacro. En los tres poemas comentados vemos hasta qué punto carece Lorca de esa noción. Todo el ateísmo literario moderno se ha ocupado de Dios y del demonio con igual desparpajo. Basta una breve reflexión para incluir a Lorca, queramos o no, en la nómina de los poetas «del partido del diablo». Sólo desde un concepto novelesco de lo que es un «maldito» podemos escandalizarnos ante la idea de aplicar tal calificativo a García Lorca. En una valoración profunda en las cosas, su actitud, su entendimiento esteticista y frívolo de lo sagrado es puro demonismo. En razones como ésta me apoyo para definir al gran poeta granadino como poeta maldito, siempre con todas las salvedades y concesiones precisas, y, siempre, por supuesto, dando al adjetivo «maldito» el valor entendido que puede tener para un hombre de hoy, creyente o no. Tan lejos, en todo caso, de la noción novelesca de maldito, como de la noción inquisitorial, impugnatoria, condenatoria, que de ningún modo nos corresponde.

Claro que esta mezcla de paganización, esoterización y regionalización de lo religioso que encontramos en los tres romances lorquianos de nomenclatura católica no es un juego exclusivo de nuestro poeta. Toda Andalucía, como tierra daimónica que es, tiende a esoterizar la religión y cualesquiera otra cosa. Andalucía está entretejida de razas esotéricas: judíos, moros, árabes, gitanos... Y así, el cristianismo romano se hace allí superstición y conjuro. Por supuesto que toda religión lleva en su origen y en su fórmula un principio de esoterismo, puesto que apela al misterio, pero esos misterios institucionalizados, dogmatizados, del catolicismo, concretamente, Andalucía los entiende a su manera, vuelve a esoterizarlos cuando ya eran norma fija y clara. Por otra parte, el cristianismo, que propugna una lucha sutil con la naturaleza, que es un vencimiento de la naturaleza, está en constante peligro de paganización, ya que la naturaleza vuelve siempre por sus fueros, y más en una tierra tan naturalmente pagana como Andalucía. Asimismo, la fuerte peculiaridad de lo andaluz necesita regionalizar lo que el cristianismo tiene de universal, para mejor entenderlo, para entenderlo de alguna forma. A los andaluces hay que darles Vírgenes morenas —macarenas—, como a los lapones Vírgenes laponas.

Si antes de Cristo cada pueblo, raza, región, clan, tribu, creaba su religión propia, al extenderse el cristianismo por el mundo no desapareció ese principio de apropiación de la divinidad, porque el hombre no necesita tanto que haya un Dios como tener «su Dios». Sartre ha dicho que «Dios es la soledad de los hombres», mas esa soledad no se consuela con una abstracción —pues que ella misma es una abstracción o se sufre como tal—, sino que, como toda soledad, está pidiendo compañía; compañía concreta, afín, cercana, inmediata, comprensible, dialogante, personal: de la misma raza y del mismo pueblo que el hombre cada cual, si esto es posible. La universalización de una idea abstracta de Dios es ya un principio de ateísmo, como el empirismo histórico nos ha demostrado. El cristianismo, que ha llevado a la humanidad a la más amplia creencia general abstracta, se encuentra hoy con que esa creencia, a fuerza de abstracción, a fuerza de ir diluyendo perfiles, se confunde ya con la no creencia. Así, Europa, América, Occidente, habituados a una creencia desatavizada, mental, han pasado de reducir a Dios a una idea a prescindir de esa idea, al ateísmo, porque desembarazarse de una idea es mucho más fácil que desembarazarse de un atavismo. A medida que un pueblo es más civilizado, más culto, su idea religiosa se hace más racional, menos cordial, hasta quedar en eso, en idea. Esto, que en principio puede parecer óptimo para el logro de una creencia universal sin localismos pintorescos y supersticiosos (y tal es lo que persigue hoy la religión), viene a representar, en realidad, el mayor peligro de volatilización de esa fe, porque los pueblos necesitan creencias táctiles, visuales, sensitivas, cordiales, amables o terribles. Los pueblos, al contrario que el apóstol, necesitan creer para ver, porque su creencia —supersticiosa siempre— es sólo el medio de atrapar una imagen sobrenatural, como en el espiritismo, donde se hace preciso el «trance» para convocar espíritus. El pueblo, con su fe, se pone en trance para ver algo, para que se le enseñe algo. Y cuando solamente se le muestra una idea, es decir, no se le muestra nada, la fe del pueblo se afloja. Una creencia universal es el mayor peligro de un ateísmo universal.

En defensa instintiva contra la universalidad del cristianismo, cada pueblo ha ido adoptando éste a sus peculiares formas de fe. Hoy asistimos al fenómeno de la deslocalización de la fe en los pueblos más evolucionados, deslocalización que muchas veces degenera en indiferencia y, finalmente, en un vago ateísmo por parte de la mayoría o un tranquilo agnosticismo por parte de las minorías más en punta. Los pueblos no evolucionados, en cambio, como Andalucía —y quizá España en general—, han salvado su fe gracias a haberla «localizado». Y éste puede ser el secreto de la vigencia religiosa —vigencia y vivencia— de Andalucía.

Paganización, esoterización y regionalización, las tres grandes perversiones del cristianismo andaluz, son, paradójicamente, los tres grandes pilares de ese cristianismo. Cristianismo confundido orgiásticamente con la excitante naturaleza del Sur, impuro de ritos que son recuelo de otras religiones ya perdidas, y reteñido de color local. Las procesiones de Sevilla y Málaga, las Macarenas y los Cristos de los Faroles, la «saeta» y los «seises» de la Giralda responden claramente a esas constantes de la religiosidad andaluza: paganismo de la pedrería de las Vírgenes, vago erotismo de las Macarenas piropeadas, esoterismo de la milagrería del Sur, regionalismo de las Dolorosas morenas en una tierra que se llama a sí misma «la tierra de María Santísima».

Ya hemos estudiado en los tres romances «arcangélicos» de Lorca su vago erotismo, su evidente paganización del tema, pues si bien Lorca ha perdido la fe, conserva, en cambio, los símbolos de esa fe como decorativa mitología del Sur. También él regionaliza a los tres arcángeles. Dice del arcángel San Miguel:

> *San Miguel, rey de los globos*
> *y de los números nones,*
> *en el primor berberisco*
> *de gritos y miradores.*

Así, hace al arcángel «rey de los números nones», fórmula evidentemente esotérica, y lo envuelve «en el primor berberisco» del Sur, regionalizándolo, mezclándolo con el mezclado fondo de religiones entrecruzadas que teje la naturaleza misma de lo andaluz.

Y a San Gabriel le dice, en el romance correspondiente:

> *No olvides que los gitanos*
> *te regalaron el traje.*

Y lo hace «bisnieto de la Giralda». Y la gitana le llama al arcángel «Gabrielillo de mi vida», con el expresivo diminutivo andaluz. Se trata, pues, de unos arcángeles puramente locales, pedáneos. Algo así como los alcaldes con alas de Granada, Córdoba y Sevilla respectivamente. Todo esto, que en el pueblo andaluz puede resultar ingenuo y gracioso, en Lorca —criatura aparte y sin fe carbonera— tiene un matiz grave por cuanto viene a revelar, enmascarado en la gracia, su frío descreimiento, su irónico juego con lo sacro.

«Prendimiento de Antoñito el Camborio en el camino de Sevilla» es uno de los más felices momentos de Lorca como piropeador de hombres:

Moreno de verde luna,
anda despacio y garboso.

Hemos hablado del pansexualismo de Lorca, de su preferencia por los símbolos ambisexuales. Lorca canta con igual desparpajo a un hombre que a una mujer, y este alegre pansexualismo es dato que nos revela su ausencia de prejuicios morales —su pura amoralidad—, que, según se mire, le acerca peligrosamente a la órbita de lo maldito —el mal, para los moralistas últimos, es la carencia de la Gracia—, o le salva en un limbo entre infantil y sexual. Como no podemos creer en ese limbo, pues que hay tantos otros datos lorquianos de proclividad infernal, la causa de su desenfado bisexual es, para nosotros, una pura amoralidad, una pureza amoral, una pérdida total de las nociones éticas identificables inmediatamente con el luciferismo. (Ya hemos visto que la indiferencia es mucho más luciferina que la blasfemia, oración inversa.)

Sin embargo, esta tesis queda traicionada en parte por la comprobación de los enmascaramientos sexuales en la obra de Lorca. Llamo enmascaramientos sexuales a esas alusiones equívocas —glúteos, muslos— de ambivalencia erótica, tan frecuentes en el poeta. Cuando Lorca habla de mujeres —muchas veces a lo largo de toda su obra—, casi siempre nombra el cuerpo. Casi nunca el rostro. Las mujeres de Federico no tienen rostro. Y esto puede ser tanto una prueba de su directo e intenso erotismo como un síntoma de que esas mujeres no son tales: son hombres enmascarados en formas femeninas. Cualquiera de las dos hipótesis sirve a la teoría del pansexualismo lorquiano. En cuanto a la expresión de ese pansexualismo, sin embargo, el enmascaramiento puede suponer lo que en Marcel Proust supone llamar Albertine al chófer italiano Albert: un pudor homosexual. Este pudor contradice nuestra teoría del alegre amoralismo lorquiano. Por otra parte, y con todo, Lorca canta muchas veces expresamente el cuerpo y el amor de la mujer. Pero otras tantas canta y exalta al macho, como en el caso del Camborio. De modo que la disyuntiva queda en el aire. O no tan en el aire, si tenemos en cuenta que el poeta, en su teatro, se sirve del truco recurrente de hacer protagonista a una mujer —en *Bodas de sangre*, en *Yerma*, en *Bernarda Alba*— para, encarnado en ella, cantar y desear al hombre bajo una apariencia de teatro de exaltación femenina. He aquí otra forma de enmascaramiento. La primera consistía en trocar al ser cantado de hombre en mujer. Esta última, en trocarse el cantor también de hombre en mujer, para cantar al hombre. Enmascaramiento del tema y enmascaramiento del autor. Pudor homosexual, en todo caso. ¿Dónde, entonces, la amoralidad irresponsable del poeta?

En una palabra que no es homosexualismo —ésta, yo me cuidaré muy bien de aplicársela a Lorca—, sino pansexualismo. Su pansexualismo, total y abarcador, pagano y dionisíaco, sí es alegre y maldito de nacimiento, pero la vida, la inmediatez, los convencionalismos, las concesiones, le llevan a esos enmascaramientos, no sistemáticos, afortunadamente, en su obra, sino valientemente traicionados a veces (se puede traicionar a uno mismo y a los demás valientemente), como en el ejemplo que nos ocupaba de Antoñito el Camborio.

Antoñito el Camborio, a quien guardia civil caminera se lleva codo con codo. Es la pugna de todo el *Romancero*. Es la idealización de la raza maldita y la maldición del orden establecido. Pero creo que ya hemos estudiado esto suficientemente. Lorca, interviniendo una vez más en el poema, increpa al Camborio por dejarse prender, mientras los guardias civiles «beben limonada todos». El orden, la fuerza, la ley, son presentados en una continua orgía, siquiera sea una orgía de modesta limonada, en este caso. Lorca es un rebelde sin causa o con causa.

«Muerte de Antoñito el Camborio» es nuevamente un requiebro al gitano Antonio Torres Heredia, «voz de clavel varonil», pero ahora en circunstancias más dramáticas, porque están sonando voces de muerte «cerca del Guadalquivir». Al Camborio le quitan la vida sus cuatro primos Heredia, hijos de Benamejí. Este poema es para nosotros, en primer lugar, el máximo poema-invectiva al gran pecado nacional español, el pecado de la envidia. Dice Antoñito moribundo:

Lo que en otros no envidiaban,
ya lo envidiaban en mí.

Y luego pormenoriza, con detallismo típico de la minimización y el primor lorquianos: «Zapatos color corinto, medallones de marfil.» Federico García Lorca ha levantado aquí el monumento nefasto a la pasión que nos pierde a los españoles. La envidia. Y, concretamente, la envidia de lo inmediato, la envidia de quien tenemos más cerca, de quien incluso queremos. «Lo que en otros no envidiaban, ya lo envidiaban en mí.» En otros no envidiaban los cuatro primos Heredia los zapatos color corinto, ni los medallones de marfil. En el Camborio, sí, porque era su primo. España es un país de envidiar a los primos, a los hermanos, a los primos-hermanos. El español envidia al prójimo como a sí mismo. No descubrimos nada señalando la envidia como pecado capital de España, pero sí, quizá, señalando este poema de Lorca como máximo poema de la envidia en toda la literatura española. No tengo noticia de que nunca se haya estudiado este romance en tal aspecto.

Se dice que el español es envidioso porque es pobre. Yo diría, y bien fácil resulta dar la vuelta a la frase, que el español es pobre porque es envidioso. La riqueza y la pobreza son conceptos relativos, comparativos, y el español es sempiternamente pobre, porque se compara siempre con su primo el rico. Y esta comparación no la hace sino la naturaleza envidiosa. Luego el español es envidioso en principio y no como consecuencia de algo.

Nuestro pecado nacional es la envidia, como el pecado inglés por antonomasia es el orgullo; el pecado francés, el «chauvinismo»; el escocés, la avaricia; el alemán, el racismo, etc. Y no vamos a hacer con esto nacionalismo barato y, por ende, negativo, pero estas generalizaciones raciales, evidentes, están ahí y son tan naturaleza que ni siquiera cabe ahondar en ellas.

La consideración de este romance como gran poema-invectiva de la envidia nos lleva a entenderle como premonición de la muerte del propio Lorca. Porque a Lorca lo mata la envidia nacional. O ni siquiera eso; la envidia local, como a Antoñito el Camborio. No vale jugar a las premoniciones cuando tan pocos datos empíricos tenemos de ellas, pero, cumplidas obra y biografía, el romance de la muerte de Antoñito el Camborio presenta una asombrosa identidad con la muerte de Federico García Lorca. Naturalmente, no vamos a sostener aquí que Lorca escribió ese poema bajo un presentimiento, pero sí que todas las circunstancias que hacen posible la muerte del Camborio y la suya propia estaban ya en su mente. La pequeña y afilada envidia provinciana española. Las limitaciones, los prejuicios y los odios que empequeñecen la vida nacional y, sobre todo, la vida provincial. Lorca pudo decir, como el Camborio: «Lo que en otros no envidiaban, ya lo envidiaban en mí.» Incluso los zapatos color corinto y los medallones de marfil, que se corresponden con los objetos de oro que él portaba y que le fueron robados a su muerte, como hemos contado al principio de este libro.

Pero, sobre todo, sus magnos medallones, los que sus primos de paisanaje, de vecindad, de patria, le envidiaban, eran su talento y su gracia, su genio y su misterio. El pueblo español no perdona esas cosas, generalmente porque no las entiende, pero le hacen intuir que hay una vida y una raza menos sórdidas que las suyas. La ignorancia potenciada por la envidia lleva al odio, y el odio al crimen. Federico García Lorca, sin quererlo, traza el dibujo de su propia muerte en este romance. Sobre el paisaje andaluz, entre «limones redondos», sus gentes más cercanas envidian en él, por eso, por cercano, lo que en otros no envidiaban. Lo asaltan y lo matan.

Federico García Lorca, «viva moneda que nunca se volverá a repetir», muere a manos de un bando de los dos contendientes en nuestra guerra civil. Federico García Lorca muere a manos de la envidia nacional, que deja a Galdós sin el premio Nobel y llama a Juan Ramón, en el *Madrid Cómico*, «Juanito Jiménez». Lorca, hombre secretamente desarraigado de la sociedad —y qué me importa a mí que se llevase bien con la gente, como me arguyen tantos—, no puede participar en lo político, porque lo político supone la más intensa concatenación social. Esteta en lo externo y reclamado por más urgentes y oscuros tirones en lo interno, Lorca no tiene nada que ver con un hombre político, aun cuando, como ya hemos visto, su natural rebeldía humana se identifique, a modo de compradazgo de viaje, con la rebeldía política, y nunca con el conformismo. (¿Cómo se puede seguir llamando «señorito andaluz», incluso por sus compañeros de generación, al invectivador del orden en todas sus versiones, en España y fuera de España, al gran debelador de la tiranía sexual de la sociedad en su *Bernarda Alba*?) En un anarquista lírico o lírico anarquizante, como es Lorca, la cerrazón política sólo ve un enemigo del bando contrario; mas no es ése el caso de Lorca, porque su apariencia de señorito andaluz le hubiera dejado a salvo, pues bien sabemos que quienes le mataron no mataban señoritos, ni andaluces, ni vascuences. Luego a Lorca lo mataron por otra cosa. A Lorca le mató otra cosa. A Lorca le mata la envidia, como al Camborio. Y habría que estudiar, a partir de la anécdota particular y trágica de Lorca, en qué medida toda la guerra civil española, todas nuestras guerras civiles, no son una ardida apoteosis de la envidia nacional.

El gran valor documental, pues, del romance a la muerte del Camborio está en que, por ser el poema de la envidia española, es el poema de la muerte del propio poeta, que encontramos así puesta en limpio por él, inconscientemente —para qué hablar de literarias adivinaciones—, bastante tiempo antes de que ocurriese.

«Muerto de amor» es otro romance «sonámbulo» por sus calidades oníricas, y en él aparece nuevamente el gran símbolo recurrente de lo erótico en Lorca, el muslo:

*Tristes mujeres del valle
bajaban su sangre de hombre,*

tranquila de flor cortada
y amarga de muslo joven.

A este poema, como hemos dicho, hay que ponerlo también en tela de sueño. El mejor sonambulismo de Lorca, tan asomante en todo el *Romancero*, corre por él. El desdoblamiento entre la realidad y el sueño, desdoblamiento psicológico de Federico sobre el que ahora no vamos a volver, se da con gran evidencia en este poema. Así, sus dos primeros versos abren ya un sueño:

¿Qué es aquello que reluce
por los altos corredores?

Pero los dos siguientes nos devuelven a la realidad cotidiana y cronométrica.

Cierra la puerta, hijo mío;
acaban de dar las once.

La alternativa es constante en todo el poema. En toda la obra de Federico, diríamos, generalizando.

En el «Romance del emplazado» volvemos a encontrar a un personaje que ya conocíamos en la obra de Lorca, El Amargo, cuyo destino, en esta ocasión, también es morir. El «Romance de la Guardia Civil española» es la más fuerte protesta política de toda la obra de Lorca. La más concretamente política. Ya vimos, estudiando uno de sus libros anteriores, cómo su primera toma de conciencia política ocurre también a propósito de la Guardia Civil. Esta institución, tan representativa del orden centralista en el lejano Sur, sirve a Lorca para resumir y simbolizar un sistema de cosas que no le gustan. Con tono de panfleto, llama a los guardias civiles «jorobados y nocturnos». Bien sabemos que los guardias civiles no suelen ser jorobados. Seguramente, ni siquiera les está permitido serlo. Lorca alude, quizá, a su agazapamiento a pie o sobre el caballo. Dice que «pasan, si quieren pasar», subrayando así su omnipotencia, su hacer y deshacer. Y frente a ellos, poderosos, pone, inermes y vidriosos, a los gitanos:

*Ciudad de dolor y almizcle,
con las torres de canela.*

Ya está planteado de nuevo el enfrentamiento a muerte entre el caos y el orden, entre la ley y la magia, entre el poder y la lírica, entre la autoridad y la libertad. El «señorito andaluz» —tontos— se ha propuesto muy a fondo esta cuestión. Y ha tomado partido. Su *Romancero* es todo él como una reproducción previa de la guerra civil en pequeño.

Si en el romance del Camborio hay una premonición —y tómese esta palabra en un sentido restringido— de la propia muerte del poeta, víctima de la guerra civil, en el *Romancero* todo hay una premonición de la guerra misma, de la guerra toda. Lorca, hombre apolítico, ve con lúcida visión política —ah su mágica receptividad— la tragedia española en potencia. La pugna entre el centralismo y el suburbialismo de España. (Y nada tiene que ver con esto el que, nominalmente, las cosas estuvieran exactamente invertidas en el momento de producirse la subversión.) En minimización anticipada, Lorca ha sacado en este libro la maqueta de la guerra española de 1936-1939. Y la ha sacado anticipadamente, como decimos, porque su clarividencia le permite poner en marcha algo que otros sólo presentían como vaga intuición inaprehensible. Basta con leer el *Romancero* profundamente para adivinar —hubiera bastado entonces— que algo está pasando en España, que algo va a pasar. Quizá esto sea fácil de decir ahora, a tantos años vista de ambos sucesos —la guerra y el libro—, pero el que la perspectiva nos favorezca no dice nada en contra de la teoría, sino a favor de nuestra necesidad de perspectivas. Mejor que toda la literatura política de los años veinte y treinta, el *Romancero gitano*, de Federico García Lorca, «libro esteticista de un señorito andaluz», anuncia y denuncia la crisis de España, el estado de guerra fría, la inminencia de la tragedia.

Lejos de todo afán de politización de los fenómenos literarios, esto se nos revela así a nosotros, y lo que no comprendemos es cómo gentes más «politizantes» no han caído antes en la cuenta de lo que vengo diciendo. El gran libro de la guerra española, antes y después de ella, es para mí el *Romancero* de Lorca. Por su calidad de profecía y, desde luego, por su asombrosa calidad literaria y humana. Que un libro de tal dimensión haya pasado hasta ahora por folklorista y estetizante es una desoladora prueba de que todos somos ciegos en la vida intelectual española, sin un mal tuerto que nos reine. Porque los gitanos son mucho más que los gitanos y la Guardia Civil es mucho más que la Guardia Civil en los poemas del *Romancero*. Y esto lo prueba la conciencia y la intención del poeta al escribir sus poemas paralelos a éstos, los de los negros en *Poeta en Nueva York*. Estableciendo tal paralelismo, vemos claramente que el conflicto entre gitanos y guardias civiles no era mero localismo en la conciencia y la visión de Lorca, sino sentido claro y hondo de la tragedia de España —y del mundo—, trasladable de Granada a la ciudad de los rascacielos, del Albaicín a Harlem. Conflicto entre dos fuerzas ingentes, lucha de clases, revolución en potencia. Mucho más que una reyerta entre guardias y gitanos para hacer metáforas gongorinas y surrealistas.

Ya hemos visto de qué manera honda, pero accidental, el rebelde metafísico coincide con el rebelde político, y cómo el dramatismo y la épica de Lorca no son sino la puesta en marcha de su tragicismo existencial, pero todo ello debidamente articulado en planos, nos permite entender también «históricamente» esa épica del *Romancero* como documento político, aunque de su entendimiento psicológico hayamos sacado otras consecuencias más secretas, que han quedado aquí explayadas en su momento.

La Virgen y San José aparecen inesperadamente en el romance de la Guardia Civil, deliciosamente minimizados, como en miniatura de «nacimiento», y, por supuesto, regionalizados, ya que les acompaña Pedro Domecq (quien a su vez lleva consigo tres sultanes de Persia, disparatado exotismo o divertimiento lorquiano). Cuando la Guardia Civil irrumpe en la ciudad de los gitanos, el coñac de las botellas «se disfrazó de noviembre para no infundir sospechas». Este coñac disfrazado de noviembre es una de las más representativas imágenes gongorino-surrealistas de todo el libro, cuyo surrealismo y gongorismo general estudiaremos más adelante. Hay una bella trasposición de planos que permite a los gitanos congregarse en el portal de Belén. Este juego viene dado, sin duda, por el entrecruce de razas andaluz, que lleva a Lorca a identificar a San José y la Virgen, judíos, con los gitanos: dos razas andaluzas y proscritas, acosadas por la carga de la Guardia Civil. La Virgen y San José, desacralizados, regionalizados, gitanizados, combaten del lado de los gitanos, por oscura afinidad racial, sin duda, y por lo que en los gitanos hay de culto esotérico y trivializado al catolicismo:

> *La Virgen cura a los niños*
> *con salivilla de estrellas.*

La minimización y el primor de Lorca rara vez llegan a un ápice de ternura, gracia y acierto poético como el de estos dos versos, que no podemos, empero, entender como religiosos, pues eso sería desentenderlos.

Tras la masacre en la ciudad de los gitanos, prodigiosamente descrita con la rara eficacia realista-metafórica de Lorca, termina el poema. Lorca, lujoso metaforizante, no pierde nunca la inmediatez de lo real para comunicársela al lector, en virtud de su sentido dramático o de dramaturgo. Sus metáforas, tan abultadas a veces, tienen siempre una espoleta de verdad directa que las hace eficaces y narrativas, y no sólo válidas literariamente. Si de Góngora se ha dicho que su mundo está parado, helado de esteticismo, coagulado en metáforas, he aquí que Lorca, utilizando elementos gongorinos, tiene siempre el poema en marcha, porque no es sólo un metaforista, sino ante todo un vitalista —aunque tanto se le haya malentendido por su esteticismo—, y está siempre viendo cosas que pasan, y están siempre pasándole cosas, y necesita contar lo que pasa y lo que le pasa. Y lo cuenta.

El «Romance de la Guardia Civil» termina así:

> *¡Oh ciudad de los gitanos!*
> *¿Quién te vio y no te recuerda?*
> *Que te busquen en mi frente.*
> *Juego de luna y arena.*

En la frente del poeta, en su pensamiento, está el recuerdo y el entendimiento de un mundo proscrito que él canta con o sin razón. Con pasión certera, en todo caso. Con identificación irrenunciable del poeta de lo oscuro, de lo caído, de lo maldito.

En «Tres romances históricos» se nos ofrece, en primer lugar, el «Martirio de Santa Olalla». ¿Por qué este episodio romano de Mérida dentro del *Romancero gitano*? Lorca explicaría a alguno de sus amigos que le iba bien, de algún modo, dentro del libro, la incrustación de este tipo de recreaciones históricas, y lo cierto es que encontramos varias hacia el final del *Romancero*. Por lo que se refiere concretamente a «Martirio de Santa Olalla», la identificación, para nosotros, está clara. Los guardias civiles se han trocado en soldados romanos y cualquier virgen gitana en la niña Flora. Lorca está siempre del lado de las víctimas, frente al orden omnipotente. No es en escenografía, por supuesto, sino en espíritu, donde este romance se identifica con los romances gitanos. Una prueba más, en fin, de cuál era la actitud humana de Lorca al escribir su *Romancero*. Actitud de rebeldía frente a lo que hemos llamado el orden omnipotente, bien se trate de centuriones romanos, de guardias civiles o de banqueros de Wall Street. Una propensión a cantar a las víctimas de ese orden en todas las épocas, en todos los lugares, en todos los sistemas.

«Burla de Don Pedro a caballo» es otra composición nacida del onirismo lorquiano. Vaguedad y concreción, realidad y sueño, sonambulismo y épica se alternan en este poema de la manera magistral que sabe hacerlo el poeta, jugando siempre elementos de la naturaleza y de la vida o de la historia con mano mágica. La vena puramente onírica reaparece siempre a lo largo de la obra de Lorca, como vemos leyendo este poema. Él vive y escribe perpetuamente entre dos aguas. Entre dos mundos.

El *Romancero* se cierra sorprendentemente con el poema de «Thamar y Amnon», un poema de incesto que por su ambientación histórica tampoco tiene nada que ver con el resto del libro. Pero el poeta se cuida de regionalizar tenuemente el tema, aun incurriendo en poético anacronismo —«al son de panderos fríos»—, como antes había regionalizado la mitología cristiana. El fuerte erotismo del poema, la anécdota de la hermana violada por su hermano, la ambivalencia sexual con que se cantan ambos desnudos, el masculino y el femenino, sí son puro Lorca, e incluso puro *Romancero*:

> *Émbolos y muslos juegan*
> *bajo las nubes paradas.*

Siempre los muslos y siempre la proclividad de Lorca hacia los temas más directos y oscuros del sexo, hacia ese demoníaco paraíso —el demonio tiene sus paraísos, mucho más inmediatos y jubilosos que los otros— de la libertad sexual, donde ya se borran las barreras de sexo, de sangre, de edad. A Lorca le seduce la leyenda de este incesto y la recrea por lo que tiene de triunfo del sexo ciego. Incesto, homosexualidad, adulterio, todas las formas proscritas de lo sexual tientan al poeta, siquiera sea literariamente. Y nunca es sólo literariamente, bien lo sabemos. Con un incesto se cierra tan magno libro, por si alguna duda nos quedaba sobre su oscura significación pansexualista, en la que hemos insistido ya demasiado.

10

ANDALUCÍA Y SURREALISMO

La fórmula surrealista a que responden muchos de los poetas del *Romancero* nos lleva a una consideración del influjo del surrealismo en España y, concretamente, en Andalucía. El surrealismo español es un surrealismo tardío en cuanto que llega a nuestro país con evidente retraso respecto de su apogeo francés y, sobre todo, porque entre nosotros pierde ya su pureza naciente para adecuarse a modalidades muy autóctonas, como lo es, por ejemplo, el irrenunciable realismo español, realismo o narrativismo que nacen de la incapacidad de nuestro arte para abstraer. Todas las artes españolas son narrativas, incluso la música —abstracción máxima—, pues Granados y Albéniz, e incluso el propio y grande Falla, no hacen sino «contarnos» Andalucía con mayor o menor sutileza, con mayor o menor servidumbre descriptiva, según el talento y la sensibilidad respectivos, pero siempre en esa línea descripcionista.

Esta incapacidad para la abstracción refugia al español —pueblo y artista— en lo que se viene llamando realismo, y que yo llamo narrativismo, y no es sino la imposibilidad de ver más allá —o más acá, más adentro— de las propias narices. Bien entendido que el que nuestros grandes hallazgos artísticos sean siempre narrativos no les quita categoría de grandes hallazgos. Por otra parte, si, en el arte, el español necesita realidad, en el pensamiento necesita lógica. Ama la realidad porque es «lógica» y ama la «lógica» porque ésta es la puesta en limpio de la realidad. Y empleo el término «lógica» en su sentido más peyorativo, por supuesto, y ni siquiera como modalidad filosófica. La lógica, ejercicio del sentido común, es todo lo contrario de la filosofía. La lógica se atiene a la realidad y la filosofía a la abstracción. Durante mucho tiempo, el máximo filósofo de España ha sido un hombre de lógica, de sentido común: Balmes. Un antifilósofo.

Así, cuando el arte gratuito por excelencia, el surrealismo, llega a España, sus mejores destinatarios lo adaptan a un sistema de creación lógico. Ramón Gómez de la Serna en sus greguerías o Gerardo Diego en su ultraísmo no hacen —ni se lo proponen— verdadero surrealismo, sino que dan apariencia surrealista, mediante la expresión descoyuntada o sorprendente, a metáforas absolutamente tradicionales, lógicas. Vicente Aleixandre, por su parte —ejemplo supremo, en apariencia, de surrealista español—, ha negado siempre su condición de tal, y la verdad es que bajo la sintaxis y la imaginería desconcertante de alguno de sus libros corre siempre una historia, un argumento lírico, y las metáforas son eso, metáforas. Nunca alegres y automáticas asociaciones de palabras, de objetos, de ideas. El español, incapacitado secularmente para la filosofía, está, por eso mismo, implacablemente sometido a la lógica.

Esta característica general de nuestro pueblo tiene una variante en Andalucía. Y quizá también en Galicia, la otra región daimónica de la Península. (Por algo el andalucísimo Lorca escribió una vez en gallego.) Andalucía, por ese daimonismo que le viene, como ya hemos apuntado, de su cruce de sangres y razas de tal condición, se libra de la lógica a favor, no de la filosofía, por supuesto, sino a favor del sueño, del misterio y el esoterismo. Andalucía se salva de la servidumbre de la lógica, aunque no de la servidumbre del narrativismo, pues ya hemos visto cómo incluso sus músicos son narrativos. Por esa proclividad al sueño, Andalucía es tierra abonada para el surrealismo, hasta el punto de que el primer surrealista de la historia de la literatura universal, un surrealista anterior a la escuela, es andaluz: don Luis de Góngora y Argote. Y cuando Freud acerca el subconsciente al plano de lo consciente y el arte del mundo empieza a nutrirse del mundo del sueño, el tardío surrealismo español hecha raíces, sobre todo en Andalucía: Vicente Aleixandre, Luis Cernuda, Federico García Lorca.

Raíces tan fuertes que todavía hoy el único poeta español «oficialmente» surrealista es un andaluz, un cordobés: Manuel Álvarez Ortega (traductor, por cierto, al español de todo el surrealismo francés).

El surrealismo de Lorca, como el de todos sus paisanos, es también narrativo. Apunta de manera esporádica en los primeros libros del poeta y se hace evidente de forma en el *Romancero*. Pero el que el coñac de las botellas se disfrace de noviembre —buen ejemplo del toque surrealista en el citado libro— tiene una explicación «lógica» inmediata —el coñac pierde su ardor, se enfría, se inverniza, se disfraza de noviembre ante la acometida de los guardias civiles por la ciudad de los gitanos—, y está al servicio de una narración, de un drama, que es el que se desarrolla en el romance correspondiente. Si éste fuera un libro de estilística podríamos ir haciendo lógicas, igualmente, todas las metáforas aparentemente alógicas del *Romancero*. Pero hay algo más importante, que ya hemos apuntado hace un momento: el hecho de fabricar metáforas es por sí mismo anti-surrealista. La metáfora es un silogismo hecho con imágenes, un silogismo estético, paralelo al silogismo conceptual; la metáfora es un hecho lógico, por muy sorpresiva que la encontremos. La metáfora nunca puede ser surrealismo, pues que supone concatenación lógica, aunque más o menos sutil y lejana, de imágenes plásticas o de sensaciones, y el surrealismo es el ilogicismo de los sueños puesto en libertad, liberado de la lógica consciente por Freud y André Breton, ilogicismo que sin duda tiene una lógica secreta, escondida, misteriosa, perversa por desconocida. Pero una lógica, al fin y al cabo, pues que el ser humano sólo tiene dos direcciones: actuar con el pensamiento sobre los sentidos o dejar que los sentidos actúen sobre el pensamiento. En el primer caso está ejerciendo la lógica racional; en el segundo, la lógica natural, lógica también, porque los sentidos obedecen a unas leyes físicas, mecánicas, en las que queda integrado incluso el capricho fisiológico. Esta presión natural envía al cerebro estímulos que le son extraños en cuanto inconscientes y que nos llevan a hablar de la anarquía del subconsciente, anarquía que por supuesto existe, como en todo el ser y en la creación toda, pero no por ausencia de unas leyes, sino por la gratuidad de que esas leyes han nacido. No sabemos, pues, en qué oscuro punto el surrealismo deja de ser alógico para obedecer a una lógica, no diré más profunda, pero sí más ciega: la lógica de la naturaleza. Esto, aparte de que la lógica consciente, racional, nunca puede ser abolida del todo por una mente en funcionamiento (o en dejación).

Si lo que se ha llamado surrealismo puro es relativo,

he aquí que el surrealismo relativo de nuestros surrealistas, el de Lorca, concretamente, es el menos puro de todos. Si a Lorca se le puede entender en algún momento como surrealista, no es tanto por el contagio anterior gongorino o por el contagio posterior francés —referidos ambos solamente a la forma poética—, como por su facilidad para entrar en el mundo de los sueños, facilidad o facultad a que tanto nos hemos referido a lo largo de este libro. Así, el máximo libro surrealista de Lorca no es para nosotros *Poeta en Nueva York*, como siempre se ha dicho, aunque este libro esté más afectado de expresión surrealista, sino el *Romancero gitano*, porque en el *Romancero* están los mejores poemas de Lorca con clima de sueño, con argumento de sueño, con «lógica» de sueño. El subconsciente manda más en este libro sonámbulo que en el *Poeta*, libro-reportaje de protesta objetiva ante un mundo que el escritor ve montruoso, aun cuando esté escrito con una exasperada expresión surrealista, que Lorca ha elegido, sin duda, por encontrarla más adecuada que cualquier otra a la caótica realidad norteamericana, neoyorquina.

Si Andalucía es naturalmente surrealista por esotérica, Federico es naturalmente surrealista por andaluz y por onírico, y su libro más surrealista es, naturalmente, su libro más onírico y más andaluz: el *Romancero gitano*.

11

EL ROMÁNTICO

Hay una anécdota en la infancia de Federico según la cual el niño, después de hacer sus gracias precoces ante las respetables visitas de la casa paterna, solía despedirse con una obscenidad. Cierta o apócrifa, esta anécdota sirve para ilustrar lo que en cierto modo sería durante toda la vida la conducta del poeta: una apariencia de respeto, corrección y sociabilidad rubricada por el rabotazo de su obra, que deshace toda la farsa y fustiga o inquieta inesperadamente. En todo caso, ya hemos reiterado en este libro que no nos preocupa tanto la vida del poeta como su obra.

Sólo a partir de una frivolidad incorregible puede haberse entendido como «maldito» al poeta, al artista que desordena su vida y se tambalea por las esquinas de la Historia. Para el arte y la conciencia burguesas, «maldito» es el que no se integra en la sociedad de esa manera convencional que la sociedad exige. Maldito es, según esto, el que rompe farolas respetables con las pedradas de sus metáforas o sus juramentos. Malditos, pues, serían todos los que integran la triste y sempiterna grey de los fracasados, ese cinturón de miseria y frustración que ha rodeado siempre a la república de las letras. Pero bien sabemos que a todos esos «malditos» se les puede redimir con un consomé y un premio literario de provincias. El que Baudelaire y Lautréamont hayan hecho bohemia no autoriza a considerar lautreamontianos ni baudelerianos a los pobres diablos que viven bajo los puentes por donde corre el río caudaloso de la gran literatura, y en cuyas aguas ellos se limitan a lavarse los pies, envileciéndolas con su miseria. Baudelaire era maldito no porque se acostase con lesbianas, sino que se acostaba con lesbianas porque era maldito.

Hay que ir, pues, del hombre a la obra o de la obra al hombre. La anécdota sólo sirve para miniar el texto. Pero, como digo, el arte y la conciencia burguesas se han quedado en la anécdota, por impotencia, por desgana o por miedo de llegar más allá. El concepto de maldito sólo puede nacer de un entendimiento profundo del mal entronizado en un hombre o en una obra, en su obra. Si luego el maldito, encarnación del diablo, coincide en anécdota con el «pobre diablo» hambreado, esto no puede otorgar categoría de malditos a todos los pobres diablos. Porque, además, no siempre se da esa coincidencia, como vemos en el caso de Lorca. Para entender lo que es un maldito prototipo —Baudelaire— hay que prescindir de las negras y las lesbianas. Hay que limitarse a leer lo que escribió. Nuestra pintoresca fascinación por la anécdota nos llevaría a considerar maldito a Menéndez Pelayo, porque era dipsómano, o a Galdós, porque se daba a las meretrices madrileñas. Lamentablemente ridículo. Ni el bohemio pseudoliterario ni el prócer con sus debilidades humanas son malditos. O entendemos esta palabra de una manera profunda y rigorosa, o seguiremos por siempre en el vano equívoco de llamar poeta maldito al sablista de café y asombrarnos, en cambio, de que alguien pueda llamar maldito a Federico García Lorca, quien nunca dio un sablazo, que se sepa. Tiene entidad de maldito, en la literatura y en el arte, el hombre profundamente vinculado al mal actuante que hay en la naturaleza, el hombre entronizado en el mal o que es encarnación de él, y que, por supuesto, ha hecho de esa condición una obra de arte, un libro o un cuadro, que siempre serán importantes, aparte los valores estéticos, si de verdad suponen el vaciado de esa fuerza, conciencia y dinámica del mal. Y por mal entendemos, si es que no ha quedado suficientemente claro a lo largo de este libro, la evidencia de los poderes negativos, autodestructivos, que sin duda actúan en la naturaleza y en el hombre. Esto, sin otras repercusiones teológicas o morales. Bien entendido que lo que llamamos poderes negativos o autodestructivos puede que sean solamente la mitad en sombra de la naturaleza y el ser, esa mitad que paulatinamente van desvelando el pensamiento y la ciencia. Digamos, parafraseando a Machado, que se canta lo que se ignora. Y se canta para bien o para mal. Un católico, como Gabriel Marcel, pone en esa zona de sombra el «misterio» inefable de lo religioso, de la fe. Un ateo, como Sartre, pone en esa mitad sombría el caos y la nada. Son dos maneras de cantar lo que se ignora. Imposible generalizar. No hay otro camino en esto que individualizar. En un ser, esa mitad es el mal sublimado en bien: la mística. En otro ser, esa mitad es el bien sublimado en mal: el satanismo. ¿No es el demonio católico un ángel sublimado en diablo?

A este nivel, como vemos, la anécdota es más trivial que nunca. ¿Cómo se puede juzgar a un hombre tan hondo como Lorca por su anécdota? Su anécdota nos ha dado un falso y superficial clisé lorquiano, que es el que trato de destruir en este libro para sustituirlo por la imagen que yo tengo de él, no sé si cierta en todo o en parte, pero, desde luego, menos frívola —en todos los sentidos— que la otra.

Nuestro poeta se merece otro trato. Ya está bien de entenderle como un bailarín o un pianista de los versos. Jorge Guillén, que tanto le conoció, dice en *Federico en persona*: «Porque Federico nos ponía en contacto con la creación, con ese conjunto de fondo en que se mantienen las fuerzas fecundas.» Y añade: «Criatura de la Creación, inmersa en Creación, encrucijada de Creación y participante de las profundas corrientes creadoras.» Y aún más: «La poesía de Lorca nos enfrenta con los elementos últimos: eso que a él le revelaba la inspiración nocturna ("duende" en su lenguaje).» Los elementos últimos, la inspiración nocturna. Incluso el clarísimo, óptimo y optimista Guillén encuentra en Lorca esa mitad de sombra, «inspiración nocturna»; y ese fondo secreto, «elementos últimos». De aquí hay que partir para entender a Lorca y entender en qué sentido le hemos llamado poeta maldito. El mismo Guillén, glosando *Diván del Tamarit*, escribe: «El poeta nos da la visión de su otoño reforzado por su espera de la muerte. De esta raíz atormentada proceden todas las imágenes. Deformando los objetos por ellas aludidos, casan muy bien con su origen: la angustia.» Cuando escribió el *Diván*, Federico era joven y estaba sano. ¿Por qué la espera de la muerte, si su muerte fue accidental, externa, le vino de fuera inesperadamente? ¿Por qué la angustia? Guillén ha estado aquí a punto de tocar la entraña en llaga de su amigo. Pero ha seguido adelante, ha pasado de largo. Si insistimos en nuestras preguntas recién formuladas, se nos responderá vagamente que Lorca era un romántico. Efectivamente, un romántico. Pero esto ya desmiente al alegrísimo y vitalísimo Federico. Y, por otra parte, el Romanticismo no fue sino, históricamente, el clima y movimiento de que nacieron los grandes artistas malditos y el propio concepto de «maldito». No todo romántico es un maldito, pero el maldito es el romántico-límite. ¿Fue Lorca ese romántico-límite? Todo este libro viene probando o intentando probar que sí.

Confirma, finalmente, Jorge Guillén: «Desde esa trágica frontera percibe el mundo y concibe su poesía el gran andaluz»: «las cinco en sombra de la tarde», «una tarde inmensa». Lástima que su optimismo esencial haya privado a Guillén de profundizar en esto, que, a pesar de todo, se le hace evidente a su gran inteligencia.

Otro gran amigo y conocedor de Lorca, el torero Ignacio Sánchez Mejías, decía así: «Lorca es Belmonte, y Alberti es Joselito.» De nuevo lo dionisíaco frente a lo apolíneo. Ya hemos dejado constancia en estas páginas de nuestro juicio sobre Rafael Alberti. En él, las elegancias apolíneas de Joselito. Belmonte, en cambio, es el último torero goyesco, y Goya es el primer pintor maldito. Así se concatenan las afinidades, que, en este caso, ya habíamos previsto al principio de nuestro libro. El propio Lorca ha dicho que Goya es un pintor con duende. Cualquiera puede ver que Belmonte es un torero goyesco. Sánchez Mejías dice que el Belmonte de la poesía es Lorca. El círculo de alusiones se cierra por sí solo.

Y acumulamos aquí todos estos testimonios, porque son de los más valiosos que podemos encontrar entre los pocos que hay a favor de nuestra teoría. Ya hemos visto en qué sentido Lorca puede ser entendido, efectivamente, como un romántico, pero no sólo como un romántico, sino, en todo caso, como romántico-límite, y para entender esto basta compararle con nuestros románticos «oficiales»: Bécquer, Espronceda, Zorrilla...

¿Quién de ellos —ni siquiera Bécquer— tocó fondo angustiado como Lorca? Pero será interesante estudiar el romanticismo meramente literario de Federico, y a ello vamos a dedicar el resto de este capítulo.

En las *Obras completas* de García Lorca, dentro del apartado «Impresiones», la primera de éstas, titulada inefablemente «Fantasía simbólica», se inicia con este párrafo: «La ciudad está dormida y acariciada por la música de sus románticos ríos...» El romanticismo, pues, aparece en el primer párrafo «oficialmente» escrito por Lorca. En toda esta composición en prosa se subraya el carácter romántico de Granada. En la prosa siguiente, «*Granada*», Lorca hace teoría sobre lo diminuto y el diminutivo en su ciudad, teoría muy coincidente con la que nosotros hemos esbozado en este libro sobre el diminutivo en Andalucía, pero que él circunscribe a Granada. Dice Lorca que con el diminutivo «se limita el tiempo, el espacio, el mar, la luna, las distancias...». Sólo le ha faltado añadir que hay una forma de diminutivo no gramatical, sino conceptual, también muy andaluza, y es la que acuña términos como «duende» en lugar de demonio o «ángel» en lugar de inspiración. Es muy curiosa de observar, en este trabajo de Lorca, la influencia de Ramón Gómez de la Serna. Escribir en forma de greguerías todo un artículo es como hacer una alfombra de nudos. Pues bien, así está escrita esta prosa lorquiana, que llega, en el greguerismo —que por aquellos tiempos debía ser gregarismo ramoniano—, a simplificaciones tan eficaces como ésta: «Granada es como la narración de lo que ya pasó en Sevilla.» Puro Ramón, y del más puro. «Semana Santa en Granada» nos confirma en la idea de localización, de regionalización y paganización que Lorca aplica a una religión desacralizada para él. Y en la última parte de este artículo insiste, muy lúcidamente, sobre la mezcla de sangres que textura los fondos de su ciudad. Esa mezcla mediante la cual podemos explicarnos —creemos haber explicado— tantas cosas de Andalucía, de Granada y de Federico.

«Santa Lucía y San Lázaro» es otra prosa muy ramoniana en la que entre greguería y greguería —todas, sorprendentes y de primera mano, pese a la inmediatez del maestro—, leemos de pronto una frase que es reveladora del entendimiento lorquiano del existir, así como de nuestro propio y personal entendimiento de Lorca: «Dejamos nuestros ojos en la superficie, como las flores acuáticas, y nos agazapamos detrás de ellos, mientras flota en un mundo oscuro nuestra palpitante fisiología.»

«Historia de este Gallo» sigue siendo algo muy ramoniano. En «Degollación del Bautista» pasamos ya a una escritura de técnica surrealista, donde el motivo escriturístico es utilizado una vez más por Lorca en función de mero esteticismo. «Degollación de los inocentes» prosigue esta línea de ironía y anarquía expresivas, característica de una parte del surrealismo por entonces vigente. Asimismo, «Suicidio en Alejandría», «Nadadora sumergida», «Amantes asesinados por una perdiz» y «La gallina». La conferencia sobre «El cante jondo» es ya más técnica que creativa y constituye una especie de preludio a la famosa y fundamental conferencia sobre el duende. La adopción por la Iglesia española del canto litúrgico, la invasión sarracena y la llegada a España de numerosas bandas de gitanos son para Lorca tres fenómenos constituyentes del nacimiento del cante. Esta teoría, ampliada y retrotraída históricamente, puede explicar —hasta donde estas cosas son explicables— la naturaleza y carácter del andaluz y no sólo de su cante, como hemos visto anteriormente. En esta conferencia, Lorca habla del «demasiado frondoso árbol lírico que nos dejaron los románticos y los posrománticos», y de cómo su generación está tratando de podar ese árbol. Innecesario puntualizar que esto no es una confesión de antirromanticismo, sino una corrección meramente formal del romanticismo expresivo. «Somos un pueblo triste», dice Lorca en un momento de su conferencia. Y esta afirmación no es gratuita, sino el corolario de toda una teoría que ha venido desarrollando. La alegría andaluza —la alegría de Lorca—, desmentida por el propio poeta. En toda la conferencia hay una conciencia de drama y magia, de orientalismo y muerte, no nocturnidad y conjuro, que se remonta de los orígenes y la naturaleza del cante jondo a la realidad y la intrarrealidad de Andalucía. Federico, explicando el cante jondo, explica a Andalucía toda, como más tarde, en su conferencia del duende, explicando Andalucía, se explica a sí mismo. En su conferencia sobre don Luis de Góngora entiende como romántico a Lope y su tiempo —el tiempo de Lope y Góngora—, y dice que los grandes descubrimientos de la época son romanticismo puro. Pero su gran confesión de romántico —implícita y por eso más valiosa— la encontramos en su conferencia «Imaginación, inspiración, evasión». Lorca entiende la imaginación como el raciocinio límite, anticipador ya, adivinador, pero, más allá de la imaginación, él canta la inspiración. Dice que «la imaginación es un hecho del alma y la inspiración es un estado del alma». La imaginación, hecho o acto. La inspiración, estado, estatismo, éxtasis. Si sustituimos «inspiración» por «duende» —y ni siquiera hace falta esta sustitución—, tenemos que Lorca está diciendo ya lo que dirá más tarde y ha dicho siempre: que hay que ponerse en trance, entregarse a lo desconocido, liberar el subconsciente para que actúe por nosotros. Si como devoto del duende —del demonio— le consideramos maldito, como devoto de la inspiración se nos manifiesta romántico. Porque la inspiración es un conocimiento noético, un «estado del alma» que puede ser estado de gracia —puro romanticismo—, pero el duende es ya una inspiración determinada por el mal, por lo insobornable, rebelde y oscuro; no un posible estado de gracia, sino un declarado estado de maldad (entendiendo siempre esta palabra en un sentido no moral ni teológico, sino natural). La inspiración puede ser de signo positivo o negativo. En otro momento de este libro dijimos que la musa es una inspiración que viene de arriba y el duende una inspiración que viene de abajo. Lorca, romántico por su fe en la inspiración, será luego maldito por su filiación a la inspiración que viene de abajo. Al duende.

En su autocrítica de *Mariana Pineda* el comediógrafo confiesa su devoción por «los tópicos bellos del romanticismo». *Mariana* es un canto al liberalismo romántico en el fondo y en la forma. En otro texto sobre esta misma obra, Lorca habla del «duelo a muerte que sostengo con mi corazón y con la poesía. Con mi corazón, para librarlo de la pasión imposible que destruye y de la sombra falaz del mundo que lo siembra de sol estéril; con la poesía, para construir, pese a ella, que se defiende como una virgen, el poema despierto y verdadero donde la belleza y el horror y lo inefable y lo repugnante vivan y se entrechoquen en medio de la más candente alegría». ¿Cuál es «la pasión imposible que destruye»? En el corazón del poeta hay una lucha a muerte, una autodestrucción cuyo nombre evitaremos, pero sobre cuyo significado venimos insistiendo a lo largo de nuestro libro. ¿Y «la sombra falaz del mundo»? ¿No era Lorca un poeta *mondaine*? «La belleza y el horror, lo inefable y lo repugnante.» La dualidad, el desdoblamiento del hombre y el artista se hacen manifiestos en estas líneas suyas perdidas casi en una prosa de circunstancias. ¿Y por qué aspira a fundir todo eso «en medio de la más candente alegría»? ¿Por qué candente la alegría? Demasiada alegría. Alegría candente, alegría infernal, dados los elementos que quiere fundir en ella.

Una vez el poeta hizo subir a su casa a los niños vendedores de periódicos para que vieran los *Títeres de Cachiporra*, mezclándoles con «los bucles y las cintas de las caras de los niños ricos». Es una pequeña anécdota que añadir a toda una actitud de inconformismo, cada vez más radical a lo largo de su obra y de su vida. El señorito andaluz va siendo cada día más hondamente andaluz, quizá, y menos señorito. En *Charla sobre teatro* se manifiesta «ardientemente apasionado del teatro de acción social».

Si el romántico Lorca profesó alguna vez un romanticismo liberal a la manera de su «Marianita Pineda», más tarde pasará del liberalismo al socialismo, siempre con la vagarosidad del hombre no político, del poeta lírico. Lorca romántico se queda en lo liberal. Lorca «maldito» llega ya a «lo social». Su evolución política es, naturalmente, paralela de su evolución humana. Aquélla consecuencia de ésta.

12

LOS NEGROS

Poeta en Nueva York data de 1929-1930. Cuando dijimos anteriormente que el *Romancero* y *Poeta en Nueva York* son libros gemelos, paralelos, nos referíamos, naturalmente, al apartado de «Los negros». Esoterismo, sexualismo y exotismo pueden ser los tres tirones que llevan a Lorca hacia los negros, como en el caso de los gitanos. Ya hemos dicho que Lorca se coloca con Harlem frente a Wall Street, como antes se había colocado con el Albaicín frente a la Guardia Civil. Y no creo que esta motivación política sea un añadido a las tres anteriores, sino que es una resultante de ellas. Identificado con los negros por razones profundas, la identificación política se produce naturalmente, aunque en el caso ahora tratado, posterior al de los gitanos, el poeta, más maduro como hombre, tiene una mayor conciencia política, social, y sin duda ha tomado partido previamente.

Con el sentido de justicia y rebeldía ya muy arraigado, encuentra en Nueva York una situación paralela de la situación granadina. Encuentra en los negros otra raza proscrita, como los gitanos, y, fatalmente, vuelve a escribir, en cierto modo, el mismo libro, pues la sugestión que ejerce sobre él el negro es semejante a la que ejerce el gitano y la situación social de ambas razas también es semejante. España, que tanto ha criticado al mundo la discriminación negra, tiene en su seno una suerte de discriminación gitana que tampoco acierta a resolver satisfactoriamente, aun cuando las cosas hayan cambiado algo en estos últimos años y el volumen del problema, por otra parte, haya sido siempre mucho menor que el del problema negro.

¿Hasta qué punto son semejantes los poemas «políticos», por decirlo de algún modo, del *Romancero* y los poemas de «Los negros»? Hay, en principio, un paralelismo de identificaciones —Lorca ama a los gitanos, Lorca ama a los negros—, un paralelismo de situación y un paralelismo de tratamiento. Lorca es lírico cuando canta el mundo negro y es épico cuando canta el conflicto negro, cuando invectiva al blanco. Lo único que nos desorienta, lo único que quizá ha desorientado a los exégetas de Lorca hasta ahora, impidiéndoles ver, que yo sepa, el paralelismo de ambos libros, es la forma. Si Lorca hubiese escrito sus poemas de negros aprovechando, por ejemplo, el ritmo y la percusión de esa raza para traducirlos a poesía, la semejanza estética hubiera sido mucho más evidente, y, puesto que nadie pasa casi nunca de esa clase de semejanzas, habríamos caído hace mucho tiempo en la cuenta de lo que vengo explicando. Pero Lorca, con la influencia de la retórica surrealista ya muy arraigada en él, escribe por entonces «en surrealista», y, por otra parte, encuentra, sin duda, que la caótica y proteica realidad norteamericana requiere ese tratamiento literario. Ahora bien: como por una parte resulta que en el *Romancero* había ya mucho surrealismo, y por otra, los poemas de los negros sólo son surrealistas de apariencia, no pierden nunca el hilo dramático coherente, tenemos que ambos grupos de poemas vienen a coincidir en una zona amplia de lirismo dramatizado, de dramatismo lírico, que es la más característica de la creación lorquiana. Lorca nunca se parece tanto a sí mismo como cuando escribe de los gitanos o cuando escribe de los negros. Y el Lorca que escribe de los unos se parece mucho, en consecuencia, al que escribe de los otros.

Dice el poeta en el *Romancero:*

> *¡Oh ciudad de los gitanos!*
> *En las esquinas, banderas.*
> *La luna y la calabaza*
> *con las guindas en conserva.*
> *¡Oh ciudad de los gitanos!*
> *Quién te vio y no te recuerda?*
> *Ciudad de dolor y almizcle*
> *con las torres de canela.*

Y dice en «Norma y paraíso de los negros»:

> *Aman el azul desierto,*
> *las vacilantes expresiones bovinas,*
> *la mentirosa luna de los polos,*
> *la danza curva del agua en la orilla.*

Ha encontrado en ambos casos el amor de las dos razas por lo ingenuo y lo esotérico entremezclado. Unos aman «la luna y la calabaza». Otros, «la mentirosa luna de los polos». Llama a la ciudad de los gitanos «ciudad de dolor y almizcle», y le dice al barrio de Harlem: «¡No hay angustia comparable a tus ojos oprimidos...!» Pureza, misterio y dolor son las constantes que le sugestionan y le potencian para cantar desde el corazón de ambos pueblos.

He aquí una estrofa de «Norma y paraíso de los negros», donde podemos encontrar esoterismo, sexo y exotismo como tirón triple de las razas oscuras y malditas en el corazón del poeta:

*Con la ciencia del tronco y del rastro
llenan de nervios luminosos la arcilla
y patinan lúbricos por aguas y arenas,
gustando la amarga frescura de su milenaria saliva.*

«Con la ciencia del tronco y del rastro»: esoterismo. «Patinan lúbricos»: sexualismo. «La amarga frescura de su milenaria saliva»: exotismo. La turbación de lo esotérico vuelve en la famosa «Oda al rey de Harlem»:

*Con una cuchara
arrancaba los ojos a los cocodrilos
y golpeaba el trasero de los monos.
Con una cuchara.*

El rey de Harlem, oficiante con animales mágicos —el cocodrilo adorado en otro tiempo, sagrado en otro tiempo— y con animales lúbricos: el mono. La brujería negra encanta —en los dos sentidos de la palabra— al poeta. Dice luego que «es preciso cruzar los puentes y llegar al rubor negro». Precisa localización de los puentes de Manhattan y bella designación de una raza: «rubor negro». Pero, una vez que nos ha hecho cruzar los puentes y nos ha introducido en el mundo negro, cesa el canto lírico y se inicia el canto épico, con una alternancia muy lorquiana:

*Es preciso matar al rubio vendedor de aguardiente,
a todos los amigos de la manzana y de la arena,*

y es necesario dar con los puños cerrados
a las pequeñas judías que tiemblan llenas de burbujas,
para que el rey de Harlem cante con su muchedumbre,
para que los cocodrilos duerman en largas filas
bajo el amianto de la luna,
y para que nadie dude de la infinita belleza
de los plumeros, los ralladores, los cobres y las cacerolas
                                              [*de las cocinas.*

¡Ay Harlem! ¡Ay Harlem! ¡Ay Harlem!
¡No hay angustia comparable a tus ojos oprimidos,
a tu sangre estremecida dentro del eclipse oscuro,
a tu violencia granate sordomuda en la penumbra,
a tu gran rey prisionero con un traje de conserje!

«Es preciso matar al rubio vendedor de aguardiente.» Lorca lanza el grito de guerra contra los yanquis, y los define por el tráfico de alcoholes. Y después de su grito exaltado canta «la infinita belleza de los plumeros, de los ralladores, los cobres y las cacerolas de las cocinas». Todos los humildes utensilios, toda la inerme batería que rodea el mundo del negro. Como antes había cantado —el *Romancero* y el *Poeta* son libros que se suceden casi inmediatamente uno después de otro— los cobres y las calabazas con que amueblan sus cuevas los gitanos. Luego hay otra bella imagen sobre el color de la piel negra, que llama «eclipse oscuro», y, finalmente, alude a las profesiones subalternas en que el blanco tiene confinado al negro: «...tu gran rey prisionero con un traje de conserje».

Por supuesto que hoy no podemos compartir esta especie de racismo inverso que supone adjudicar a una raza, sólo por proscrita, toda la posible pureza humana.

El negro no es un ángel de betún, y entenderlo como tal sería una nueva forma de humillarle. Pero Lorca no parte de una visión objetiva, política, social, realista del problema, sino que su adhesión a las razas malditas es incondicional y apasionada por las razones diversas que hemos estudiado anteriormente. Él, que como revolucionario que no es, nunca podría tener toda la razón, sí tiene como poeta sus razones para cantar a los negros o a los gitanos. Razones que aciertan oscuramente con la razón última de la justicia.

Sigue zahiriendo a los yanquis, y nos da de sus muchachas una imagen que las convierte en canguritas:

Las muchachas americanas llevaban niños y monedas
[en el vientre,
y los muchachos se desmayaban en la cruz del desperezo.

La lujuria y la avaricia de ellas. La indolencia de ellos.

Ellos son.
Ellos son los que beben el whisky de plata junto a los
[volcanes
y tragan pedacitos de corazón, por las heladas montaña
[del oso.

Los blancos, en orgía perpetua de whisky, como los guardias civiles en orgía de anís, ginebra o limonada. Dentro de otra estrofa épica, un verso muy expresivo: «los mulatos estiraban gomas, ansiosos de llegar al torso blanco». Luego, el poeta profetiza la rebelión negra que en nuestros días se está cumpliendo:

Es la sangre que viene, que vendrá
por los tejados y azoteas, por todas partes,
para quemar la clorofilia de las mujeres rubias,
para gemir al pie de las camas ante el insomnio de los
                                                    [*lavabos*
y estrellarse en una aurora de tabaco y bajo amarillo.

Hay que huir,
huir por las esquinas y encerrarse en los últimos pisos,
porque el tuétano del bosque penetrará por las rendijas
para dejar en vuestra carne una leve huella de eclipse y
una falsa tristeza de guante desteñido y rosa química.

Observemos que no es la justicia y la igualdad lo que Lorca profetiza, sino el advenimiento del caos, el triunfo de la naturaleza salvaje sobre el maquinismo de la civilización: «porque el tuétano del bosque penetrará por las rendijas». Su actitud no es de revolucionario constructivo, sino de anarquista destructivo. No quiere que Nueva York sea para todos, sino que las fuertes raíces de la selva invadan y destruyan la gran ciudad. Hay en él un deseo instintivo de vuelta a lo silvestre, caótico y libérrimo. Es el tirón telúrico, más que el mero tirón político, lo que experimenta ante el espectáculo de la gran civilización racionalizadora. Bien entendido que la denuncia queda recortada muchas veces a lo social:

Es por el silencio sapientísimo
cuando los camareros y los cocineros y los que limpian con
                                                    [*la lengua*
las heridas de los millonarios...

En la estrofa que ahora vamos a reproducir, perteneciente, como las anteriores, al poema «El rey de Harlem», se hace evidente que el anhelo lorquiano no es de justicia dentro del orden, de orden dentro de la justicia, sino de destrucción total, de anarquismo aniquilativo. Lo que él pide es que la selva vuelva a invadir el asfalto:

A la izquierda, a la derecha, por el Sur y por el Norte
se levanta el muro impasible
para el topo, la aguja del agua.
No busquéis, negros, su grieta
para hallar la máscara infinita.
Buscad el gran sol del centro
hechos una piña zumbadora.
El sol que se desliza por los bosques
seguro de no encontrar una ninfa,
el sol que destruye números y no ha cruzado nunca un
[*sueño,*
el tatuado sol que baja por el río
y muge seguido de caimanes.
Negros, negros, negros, negros.
....
Aguardad bajo la sombra vegetal de vuestro rey
a que cicutas y cardos y ortigas turben postreras azoteas.
....
¡Ay Harlem, amenazada por un gentío de trajes sin
[*cabeza!*

Y en «Calles y sueños», dice el poeta en «Danza de la muerte»:

El mascarón. ¡Mirad el mascarón!
¡Cómo viene del África a New York!

El mascarón. ¡Mirad el mascarón!
¡Arena, caimán y miedo sobre New York!

y el director del banco observando el manómetro
que mide el cruel silencio de la moneda,
el mascarón llegaba a Wall Street.

De la esfinge a la caja de caudales hay un hilo tenso
que atraviesa el corazón de todos los niños pobres.
El ímpetu primitivo baila con el ímpetu mecánico,
ignorantes en su frenesí de la luz original.
Porque si la rueda olvida su fórmula,
ya puede cantar desnuda con las manadas de caballos:
y si una llama quema los helados proyectos,
el cielo tendrá que huir ante el tumulto de las ventanas.

Pide Lorca, tras haber denunciado la usura yanqui, que la rueda olvide su fórmula para que pueda «cantar desnuda con las manadas de caballos». Pide que la ciencia y la matemática vuelvan a ser naturaleza, se confundan con los caballos salvajes, con la fuerza primaria. Y desea que una llama queme «los helados proyectos» de la supercivilización.

No es *Poeta en Nueva York* un libro social, un libro político, sino un libro profunda y silvestremente anarquista:

No es extraño este sitio para la danza, yo lo digo.
El mascarón bailará entre columnas de sangre y de
                                              [*números,*
entre huracanes de oro y gemidos de obreros parados
que aullarán, noche oscura, por un tiempo sin luces,

¡oh salvaje Norteamérica!, ¡oh impúdica!, ¡oh salvaje,
tendida en la frontera de la nieve!

El mascarón. ¡Mirad el mascarón!
¡Qué ola de fango y luciérnaga sobre Nueva York!

Luego denuncia a «los borrachos de plata, los hombres fríos, los que crecen en el cruce de los muslos y llamas duras», «los que beben en el banco de lágrimas de niña muerta» y a «los millonarios de dientes azules» y a los contructores, porque:

... ya las cobras silbarán por los últimos pisos,
que ya las ortigas estremecerán patios y terrazas,
que ya la Bolsa será una pirámide de musgo,
que ya vendrán lianas después de los fusiles
y muy pronto, muy pronto, muy pronto.

El mascarón. ¡Mirad el mascarón!
¡Cómo escupe veneno del bosque
por la angustia imperfecta de Nueva York!

Es apoteósica, apocalíptica, esta visión de la gran Babilonia yanqui invadida por la selva que germina en su mismo corazón. Las cobras subirán hasta los últimos pisos de los rascacielos y «la Bolsa será una pirámide de musgo». No es la reivindicación, ni siquiera la revancha, lo que Lorca pide en este poema, sino la destrucción total de un mundo que odia, la aniquilación. Si su actitud es semejante a la del *Romancero*, ante una provocación mucho más fuerte, colosal, la respuesta es también mucho más violenta. No se trata de hacer justicia, sino de barrer la civilización blanca para que vuelva a reinar la Naturaleza.

Lorca se deleita imaginando cómo podrá reinar el esoterismo africano —«El mascarón. ¡Mirad el mascarón!»— entre las columnas bancarias. El enfrentamiento de dos mundos se hace aquí mucho más violento que en el *Romancero*, tanto porque el contraste es asimismo más violento como porque su sentimiento antisocial ha evolucionado, ha madurado, ha llegado al límite. Y, despertada por la injusticia y por el descubrimiento del mundo negro, rebrota en él su vocación de naturaleza libre, su instinto de profundo caos creacional. No es la redención lo que pide para los negros tanto como el triunfo de la magia primitiva y las fuerzas naturales sobre los sistemas del orden, la civilización y el convencionalismo.

Los más superficiales, los sempiternos patinadores de la cultura han entendido este libro como un ejercicio de surrealismo. No lo han entendido. Los políticos de oficio ven en él una proclama antirracista. Nosotros creemos adivinar que hay algo más profundo. Ya está dicho: el grito del Lorca panteísta y pansexualista, del hombre «con la tierra a la cintura», grito que rebrota frente a la barbarie civilizada pidiendo una vuelta a la Naturaleza. No una vuelta roussoniana, beatífica, sino una vuelta a lo que de más turbio y mágico, secreto y pérfido tiene todavía el planeta. Todo eso que simboliza en el mascarón africano.

Instalado en la conciencia negra, Lorca describe el mundo de los blancos con saña, crueldad y pavor. Así, en «Paisaje de la multitud que vomita»:

La mujer gorda venía delante,
arrancando las raíces y mojando el pergamino de los
[*tambores;*

la mujer gorda,
que vuelve del revés los pulpos agonizantes.

En este poema encontramos dos objetos poéticos reunidos de un modo muy semejante a como luego los reunirá el poeta en su libro posterior, *Diván del Tamarit*: «los faisanes y las manzanas de otra hora». En la «Casida de los ramos», del *Diván*, también encontraremos faisanes y manzanas en juego mágico. «Paisaje de la multitud que orina» insiste en esta visión putrefacta —«putrefacta» era palabra muy cara a Federico— de Nueva York y su humanidad:

¡Oh gentes! ¡Oh mujercillas! ¡Oh soldados!
Será preciso viajar por los ojos de los idiotas,
campos libres donde silban mansas cobras deslumbradas,
paisajes llenos de sepulcros que producen fresquísimas
                                      [*manzanas,*
para que venga la luz desmedida
que temen los ricos detrás de sus lupas.

Sólo en los ojos de los idiotas encuentra pureza y naturaleza salvaje, «mansas cobras», entre «gentes que pueden orinar alrededor de un gemido», entre los ricos temerosos «detrás de sus lupas». «Navidad en el Hudson», dentro de la misma temática, tiene algo de la poesía de Lorca que hemos llamado sonámbula. Es, en cierto modo, un poema sonámbulo donde el poeta vuelve a conseguir las calidades que tan bien le conocemos.

«Ciudad sin sueño» es otra visión desolada y grandiosa de Nueva York. La ciudad hecha de vacíos colosales —más que de bloques colosales— angustia al poeta, que se rebela contra la inmensa soledad sin sueño del Nueva York descomunal, y vuelve a profetizar la llegada de la vida virgen, de la selva natural, de las pequeñas y las grandes bestias que «humanicen», que «naturalicen» los paisajes de cemento y acero. Es otra vez la invocación a los plenos poderes del planeta frente a la construcción enorme y siniestra de la monstruosa razón humana. Nueva York es el máximo exponente de la capacidad raciocinadora, inventora, calculadora del hombre. Lorca, enemigo instintivo de la razón, de la vida sometida a norma mental, enemigo de las geometrías cerebrales y del método como suplantación del instinto, sólo encuentra desolación en la ciudad-ecuación, en la ciudad-sistema. Lorca añora y pide la vuelta de la naturaleza impura que destruya y pueble todo esto:

Vendrán las iguanas vivas a morder a los hombres que no
[*sueñan,*
y el que huye con el corazón roto encontrará por las
[*esquinas*
al increíble cocodrilo quieto bajo la tierna protesta de los
[*astros.*
....
Un día
los caballos vivirán en las tabernas,
y las hormigas furiosas
atacarán los cielos amarillos que se refugian en los ojos de
[*las vacas.*
Otro día
veremos la resurrección de las mariposas disecadas,
y aun andando por un paisaje de esponjas y barcos mudos,
veremos brillar nuestro anillo y manar rosas de nuestra
[*lengua.*

El caballo grande y la hormiga diminuta. Lorca está pidiendo naturaleza. El niño de Fuentevaqueros se horroriza de la gran construcción mental. Hay en él un tirón de naturaleza para el que Nueva York supone un desafío y una pesadilla. Pero lo que más nos interesa subrayar de todo esto, como lo venimos haciendo, es que Lorca no invoca a una naturaleza virgen, paradisíaca. Esto sería elemental, una reacción casi vulgar. Muy explicable psicológicamente. Lorca, nada Rousseau, quiere enfrentar a la naturaleza maligna con la civilización maligna. Ante el infierno civilizado, no pide el paraíso perdido y natural, sino la naturaleza infernal. Habla mucho de serpientes y caimanes, que no son precisamente las bestias más entrañables de la tierra. Y esto es tanto por invocar a los poderes naturales más destructores como por adhesión a la naturaleza beligerante, belicosa, dramática, que es la que siempre le ha tentado. Aquí, en medio del asfalto de Nueva York, en el centro de la civilización, descubrimos no sólo que Lorca es un hombre «natural» —que eso no tendría demasiada importancia y, por otra parte, ya lo sabíamos—, sino qué clase de naturaleza es la que él ama y siente, la que le reclama: la naturaleza caótica o, cuando menos, la naturaleza en pugna, en conflicto oscuro, en lucha encontrada, en apoteosis de sus fuerzas más hirientes y negativas. Para este «señorito» rural no hay égloga ni geórgica ni idílica. No haya paraíso terrenal, paraíso perdido. Es el anti-Rousseau, pero no por enemigo de la naturaleza, sino por adicto a la peor naturaleza. No dice, como Baudelaire, que «los árboles no enseñan nada», sino que en la copa de cada árbol ve agazapadas brujas gitanas, como en el *Romancero*.

En «Panorama ciego de Nueva York», Lorca formula esta invectiva contra la razón, vencida siempre por la naturaleza devoradora, por las fauces de la tierra:

Nosotros ignoramos que el pensamiento tiene arrabales donde el filósofo es devorado por los chinos y las orugas.

En «Nacimiento de Cristo» asistimos a la burla y condena del protestantismo como tantas veces, en la obra del poeta, habíamos asistido a la burla y condena del catolicismo:

*Sacerdotes idiotas y querubes de pluma
van detrás de Lutero por las altas esquinas.*

«La aurora» es otra visión nauseabunda de Nueva York. Esa humanidad desgajada de la naturaleza repugna al poeta como un pulpo fuera del agua:

*La aurora llega y nadie la recibe en su boca,
porque allí no hay mañana ni esperanza posible.*

Y luego, otra vez, la invectiva «social»:

*A veces las monedas en enjambres furiosos
taladran y devoran abandonados niños.*

Antes eran los niños de corazón atravesado por un hilo tenso. Lorca resume toda la fría injusticia del capitalismo en un niño desvalido, que es el motivo humano y poético que más le mueve y conmueve.

«Poemas del lago Edem Mills» se abren con «Poema doble del lago Edem», donde el poeta hace una interesante confesión:

Quiero llorar porque me da la gana,
como lloran los niños del último banco,
porque yo no soy un hombre, ni un poeta, ni una hoja,
pero sí un pulso herido que sonda las cosas del otro lado.

«Pero sí un pulso herido que sonda las cosas del otro lado.» Bella definición poética de sí mismo, muy concordante con la idea que venimos queriendo dar del poeta. Este poema termina con un verso que también es revelador, confesional de la sempiterna ambición lorquiana, tan poco vista por sus exégetas, y que en este libro hemos estudiado como desdoblamiento de personalidad:

... y allí donde flota mi cuerpo entre los equilibrios
                                                             [*contrarios.*

«Introducción a la muerte» («Poemas de la soledad en Vermont»), se inicia con el poema «Muerte», donde el panteísmo de Lorca, su intuición de que todo es uno en la naturaleza, se hace evidente. La gran metamorfosis continua que es la vida está sentida y expresada en este poema, pero no como armonía de la naturaleza, sino como esfuerzo, como combate. La naturaleza para Lorca, ya lo hemos dicho, es siempre dramática. Su panteísmo no es hedonista, sino trágico:

¡Qué esfuerzo!
¡Qué esfuerzo del caballo por ser perro!
¡Qué esfuerzo del perro por ser golondrina!
¡Qué esfuerzo de la golondrina por ser abeja!
¡Qué esfuerzo de la abeja por ser caballo!
Y el caballo,
¡qué flecha aguda exprime de la rosa!,

> *¡qué rosa gris levanta de su belfo!*
> *Y la rosa,*
> *¡qué rebaño de luces y alaridos*
> *ata en el vivo azúcar de su tronco!*
> *Y el azúcar,*
> *¡qué puñalitos sueña en su vigilia!*
> *Y los puñales diminutos,*
> *¡qué luna sin establos, qué desnudos,*
> *piel eterna y rubor, andan buscando!*
> *Y yo, por los aleros,*
> *¡qué serafín de llamas busco y soy!*

Prodigioso poema donde la visión que Lorca tiene del cosmos coincide exactamente con la que venimos preconizando. Todo en el universo es otra cosa, todo es todo y la misma cosa, o está queriendo ser, queriendo serlo, pero no sin esfuerzo y alarido. La naturaleza es una lucha a muerte, un conflicto hondo y constante. Inmensa metamorfosis que sólo se consuma devoradoramente, muerte a muerte. La naturaleza no es buena porque sobrevive a costa de sí misma. El principio natural de selección, de supervivencia del más fuerte, dan su carácter devorante a todo lo vivo, e incluso a la materia inorgánica. Quien ha visto y sentido así el drama de la naturaleza ha de vivir contagiado de ese drama. O bien, a la inversa, es su naturaleza conflictiva la que se proyecta sobre el universo y nos da esta versión de él. En todo caso, ésta es la auténtica conciencia de planeta y de ser que tiene Lorca. Lorca es un gran panteísta negativo, y eso es lo que da genialidad, trascendencia a su poesía.

El que otras veces, en vida y obra, Lorca juegue superficialmente con la naturaleza y con el verso, llevado de su proclividad —tan insignificante— a la minimización y el primor, no debe engañarnos respecto de su verdadero sentir, como ha engañado a los entendedores de un Lorca hedonista y juguetón.

Tan revelador poema se resuelve en uno de los últimos versos con esta autodefinición rubricadora:

¡Qué serafín de llamas busco y soy!

¿Qué es un serafín de llamas sino un demonio? Conciencia de ángel, pero de ángel incendiado, rojo, maldito. Lorca busca su «serafín de llamas», el que sabe que él es. El que profundamente, secretamente es. ¿No parece el verso de un «maldito»? No, no lo parece. Lo es.

Casi todos los poemas de este libro tocan ese fondo de naturaleza turbia o reflejan una oscura conciencia. La fórmula surrealista, lejos de ser un juego sintáctico, viene potenciada en Lorca por el drama y el misterio. Hay mucha oscuridad y mucha muerte en *Poeta en Nueva York*. Que es mucho más que un mero ejercicio surrealista, por supuesto, pero también mucho más que una denuncia de la civilización yanqui y una defensa de la gran víctima negra. Más allá de la estética y de la política, el Lorca maduro de *Poeta* ha entrado en contacto último con el légamo confuso de los orígenes, y esto es lo que aflora a su libro. Pero no ya dramatizado, «teatralizado», como en el *Romancero*, sino, en muchos poemas, de manera desnuda, total, directa. La naturaleza no es armonía, sino conflicto. La vida y la sociedad no son norma, sino caos. Esto se hace evidente en *Poeta* como en ningún libro de Lorca.

De modo que, en última exigencia, ni siquiera nos interesa como libro de protesta, sino como visión irreversible y cruda del caos original. El mundo como caos y la conciencia como flor impura de ese caos. O la conciencia como angustia y el mundo como espejo deformante de esa angustia. Éstas son las dos versiones del todo que Lorca nos ofrece, según que el punto de partida del poema sea externo o interno. En qué medida la colosal experiencia norteamericana hizo aflorar en Lorca esta evidencia y en qué medida la evidencia venía madurando en él, sería algo imposible de elucidar, aunque, como muy repetidamente hemos visto, el proceso viene gestándose a lo largo de toda la obra lorquiana. (Y hay que suponer que a lo largo de la vida.)

Así, su «Luna y panorama de los insectos» tiene este final alucinado donde los insectos —imagen, muy grata a Lorca, de la devorante actitud de lo vivo— avanzan como por una pesadilla:

Los insectos,
los insectos solos,
crepitantes, mordientes, estremecidos, agrupados...

Experimento surrealista, libro político, proclama del hombre natural frente al hombre cívico, *Poeta en Nueva York* es, sobre todo, la obra donde Lorca toma conciencia, en el centro mismo de la civilización —y ya hemos señalado esta paradoja, que sólo lo es en apariencia—, de su profundo y más verdadero sentido de la naturaleza como drama.

«Serafín *de* llamas», ha dicho Lorca, y no «serafín *en* llamas». Entre una y otra preposición está todo el sentido de la frase. Porque un serafín *en* llamas es un serafín que se ha prendido fuego, pero un serafín *de* llamas es el fuego mismo. Así, Federico se identifica con uno de los elementos de la naturaleza: con el más misterioso, esotérico y demoníaco.

«Oficina y denuncia» supone un canto a la naturaleza inmolada por la máquina, una invectiva contra los matarifes organizados y una defensa de los débiles, de las víctimas humanas de una civilización montada sobre la «filosofía del éxito»:

Yo denuncio a toda la gente
que ignora la otra mitad,
la mitad irredimible
que levanta sus montes de cemento
donde laten los corazones
de los animalitos que se olvidan
y donde caeremos todos
en la última fiesta de los taladros.
Os escupo en la cara.
La otra mitad me escucha,
devorando, orinando, volando en su pureza,
como los niños de las porterías
que llevan frágiles palitos
a los huecos donde se oxidan
las antenas de los insectos.

Tras el panorama general, tras la descripción a grandes rasgos de los dos hemisferios —victimarios, víctimas—, Lorca, como todo escritor nato, viene al detalle concreto para darnos la emoción humana directa. Sabe que esa emoción nunca se consigue con conceptos o imágenes generales. Es el contraste de lo mínimo y particular con lo general, el aplicar la cámara a un punto determinado, tras la panorámica de gran alcance, lo que emociona al lector. Así, no basta con decir «la mitad irredimible que levanta sus montes de cemento», sino que hay que concretar esto en «los niños de las porterías que llevan frágiles palitos a los huecos donde se oxidan las antenas de los insectos».

Esta minimización última contrasta con el poderoso maquinismo neoyorquino. Ya está conseguido el efecto. La máquina, por contraste, queda monstruosamente grande, deformada. Los hombres prácticos tienen una actividad criminal si se la compara con el gratuito quehacer de «los niños de las porterías». Y ninguna imagen mejor de los débiles, de las víctimas, que esos niños jugando con insectos y palitos. En este poema, Lorca no apela a la naturaleza destructiva, como en los anteriores, sino que monta su composición sobre el contraste entre el poder violento del maquinismo y las más vidriosas y quebradizas realidades de la vida natural, que le sirven, empero, para traernos invocaciones de libertad grandiosa:

> *Hay un mundo de ríos quebrados*
> *y distancias inasibles*
> *en la patita de ese gato*
> *quebrada por el automóvil,*
> *y yo oigo el canto de la lombriz*
> *en el corazón de muchas niñas.*

La minimización y el primor están jugando en este poema magistralmente, mejor que nunca, como contraste con la mayusculización y el horror de la gran ciudad. Ante tanta injusticia, el poeta se niega a «ordenar los amores que luego son fotografías» (niega sus personales sentimientos egoístas y vanos), recuerda a san Ignacio de Loyola, que mató una vez a un pequeño conejo «y todavía sus labios gimen por las torres de las iglesias», y, finalmente, denuncia «la conjetura de estas desiertas oficinas» «que borran los programas de la selva». En «Oficina y denuncia», pues, el contrapunto de la civilización maligna no es la naturaleza maligna, sino la naturaleza benigna, recreada dolorosamente en sus criaturas más gráciles y queridas, como ese gato de patita quebrada.

«Grito hacia Roma» tiene otra vez el tono violento, indignado, revolucionario, que predomina en todo el libro. Es un poema de exterminio. Si comparamos estos poemas de Nueva York con el Nueva York que nos ofrece Juan Ramón Jiménez en su *Diario de poeta y mar*, nos avergonzaremos de haber llamado alguna vez a Federico «señorito andaluz». Juan Ramón, verdadero señorito o señor andaluz —aunque genial, que esto es otra cuestión—, se limita a protestar de algunas incomodidades y fealdades de Nueva York, «el marimacho de las uñas sucias». Y, en cuanto puede, busca el atisbo lírico para salvar la belleza, su belleza, entre tanto humo y ardor. Lorca, hombre de una generación posterior —generación también esteticista, como heredera de Juan Ramón—, protesta en nombre propio, toma conciencia del gran conflicto humano de América, grita solo contra todo, como en este poema, «Grito hacia Roma»:

Porque ya no hay quien reparta el pan ni el vino,
ni quien cultive hierbas en la boca del muerto,
ni quien abra los linos del reposo,
ni quien llore por las heridas de los elefantes.
No hay más que un millón de herreros
forjando cadenas para los niños que han de venir.
No hay más que un millón de carpinteros

que hacen ataúdes sin cruz.
No hay más que un gentío de lamentos
que se abren las ropas en espera de la bala.

Entre la elefantiasis monstruosa del maquinismo, el elefante natural es entrañable y «mínimo» en estos versos, y habría que llorar por sus heridas. Luego, el poeta apostrofa al hombre de «anillos y teléfonos de diamante». Y niega la moral convencional de la gran civilización para decirnos que:

El amor está en las carnes desgarradas por la sed,
en la choza diminuta que lucha con la inundación;
el amor está en los fosos donde luchan las sierpes del
[*hombre...*

Denuncia Lorca al «viejo de las manos traslúcidas» que predica amor entre «cuchillos y melones de dinamita». Es la misma farsa y paradoja que se ha repetido siempre en la política de los Estados Unidos, en la política toda. Predicar amor «entre melones de dinamita».

Mientras tanto, mientras tanto, ¡ay!, mientras tanto,
los negros que sacan las escupideras,
los muchachos que tiemblan bajo el terror pálido de los
[*directores,*
las mujeres ahogadas en aceites minerales,
la muchedumbre de martillo, de violín o de nube,
ha de gritar aunque le estrellen los sesos en el muro,
ha de gritar frente a las cúpulas,
ha de gritar loca de fuego,
ha de gritar loca de nieve,

ha de gritar con la cabeza llena de excremento...
....
porque queremos el pan nuestro de cada día,
flor de aliso y perenne ternura desgranada,
porque queremos que se cumpla la voluntad de la Tierra,
que da sus frutos para todos.

Si, en poemas anteriores, Lorca ha invocado las fuerzas naturales frente a las fuerzas fáusticas, si en «Oficina y denuncia» apela a la ternura como contraste de la deshumanización, en «Grito hacia Roma» pide justicia y libertad, simplemente. Dice dónde está el amor verdadero y desea «que se cumpla la voluntad de la Tierra». Tenemos, pues, a la vista, tres estratos de la conciencia lorquiana. «Grito hacia Roma» es un poema «social» que —calidades y categorías estéticas al margen— podía haber sido escrito por cualquier otro poeta social. En «Oficina y denuncia» está ya Lorca, un Lorca, el de la minimización y el primor, enfrentándose al poder. En «Danza de la muerte» quien habla es el Lorca más profundo, más radical, el arraigado en la naturaleza maligna, que enfrenta a la civilización maligna. Tres escalas de una misma actitud de protesta y rebeldía, de revolución y anarquía.

La última parte del libro se titula, muy significativamente, «Huida de Nueva York». ¿Se ha escrito en castellano un libro de protesta social semejante a éste? Ahí están los nombres de Neruda, Vallejo y Miguel Hernández. En todo caso, Lorca queda hermanado con ellos en genialidad y actitud. No podemos seguir definiéndole como un esteticista que «tuvo la suerte de ser asesinado en la guerra civil». Pero, a efectos de este libro que estamos escribiendo, hay algo que nos interesa más que todo eso. Y es la profunda singularidad de Lorca. Mientras los otros cantan desde una conciencia de bien, de libertad y justicias naturales, Lorca, en los más significativos poemas de *Poeta en Nueva York*, canta y protesta desde una conciencia de mal y destrucción. El ha invocado lo que los otros no. Lorca quiere ver cobras silbando por los últimos pisos. Y el mascarón africano triunfando de la metrópoli, de la Babilonia occidental. Lorca ha concitado la naturaleza satánica contra Nueva York. Es algo más —mucho más— que un poeta social. Ya sabemos cuál es el apelativo que le corresponde.

13

LOS HOMOSEXUALES

Por una parte está el desgarrón sexual, consecuencia del desdoblamiento de personalidad, y por otra, el pansexualismo de Lorca. Si su desgarrón sexual le hace evidente al fantasma femenino que todos los hombres llevamos en la sangre, este fantasma toma cuerpo en el paisaje del panteísmo lorquiano, se nutre de él, originando lo que hemos llamado el pansexualismo del poeta, o viviendo en el centro de este pansexualismo. Creemos que pansexualismo, y no homosexualismo, es la palabra necesaria para entender la libido lorquiana. Dentro de este pansexualismo o panerotismo, el sexo es cantado por el poeta en todas sus versiones y variantes, en todos sus reinos, incluso el vegetal. Este panerotismo es una de las claves de la intensa receptividad de Lorca, clave a su vez de la riqueza, diversidad y vitalidad de toda su obra. Se trata del sexo como forma de conocimiento. Porque la naturaleza toda está reteñida de sexo.

La intensidad plástica de los fenómenos naturales viene determinada por los ciclos de fecundación en la tierra y en los seres. Antes hemos hablado de la total y continua metamorfosis de la naturaleza como fenómeno devorante que se cumple muerte a muerte. Cada muerte es necesaria para originar otra vida, para abonar otra existencia. Todo copula con todo, produciendo formas de vida destinadas a extinguirse en su alumbramiento de nuevas formas. La inmensa cópula de la vida orgánica no desborda con su fecundidad el planeta porque la naturaleza se corrige a sí misma y se renueva autoeliminándose. Porque algo está naciendo a cada momento, algo debe morir a cada momento. El equilibrio entre alumbramiento y muerte continuos es lo que hace habitable nuestro planeta, sin peligro inmediato de caducidad ni posibilidad de hipertrofia.

La vida se devora a sí misma en igual medida que se reproduce a sí misma. Lo vivo vive de devorar vida y vive para originar más vida. Éste es el círculo cerrado, el ciclo en que todo perece y todo se salva. Todo se metamorfosea. Pero la mecánica de esta metamorfosis, su equilibrio inestable, son la reproducción y la muerte. Mecánica cruel y dramática en cuanto que genera sus propias víctimas sin cesar. Ya hemos estudiado la conciencia de este dramatismo en Lorca, para quien la naturaleza, en última instancia, es trágica, funesta. (A veces, también en primera instancia.) Así, hemos dicho que su panteísmo no es hedonista, sino dramático. Pero, simultáneamente a esta conciencia última de drama, el panerotismo de Lorca le pone en contacto íntimo con el fenómeno previo de la reproducción incesante, de la cópula total que retiñe con sus colores y sus formas, con sus múltiples alumbramientos, la naturaleza y la vida. Sólo un panerotismo en carne viva puede conectar continuamente con todos y cada uno de los fenómenos sexuales en torno, o, en todo caso, gustar y captar vivamente la plástica de esos fenómenos. La naturaleza es hermosa porque es erótica. Lo que llamamos sensualidad no es sino sexualidad en acto. Aptitud de los sentidos para comunicarse con el erotismo de la naturaleza.

El sexo, así, es origen de un conocimiento estético y vital que queda cegado en la criatura humana de sexualidad restringida o de sexualidad reprimida (y suplido o no por un conocimiento mental.) Decía Rilke que el sexo, en los niños, está repartido por todo el ser, porque son inocentes. La pérdida de la inocencia, la malicia, recluye al sexo dentro de sus estrictos límites fisiológicos. De acuerdo con esto, deducimos que el niño está más fundido con la naturaleza que el adulto. Otro poeta, el español Dámaso Alonso, ve a los niños «incrustados en la vida como pepitas de oro». La comunión infantil con la naturaleza es, pues, una comunión sexual, porque el sexo del niño, aún no desarrollado como tal sexo, vaga porosamente por todo su ser. Esta comunión se rompe con el desarrollo y concreción del sexo. Se rompe en el adulto. Cuando sobrevive inusitadamente podemos hablar de un panerotismo. Este panerotismo, ya lo hemos dicho, es la clave de una gran receptividad de los sentidos, es la clave de la gran receptividad lorquiana. Puro y amoral como los niños, hemos llamado a Lorca en otro momento. Pansexual también como los niños.

Determinado así el pansexualismo de Lorca, podremos entender mejor su pretendido canto a la homosexualidad en la «Oda a Walt Whitman». El poema se inicia con un clima de vago erotismo masculino:

Por el East River y el Bronx
los muchachos cantaban enseñando sus cinturas...
..
y los judíos vendían al fauno del río
la rosa de la circuncisión.

Un posible infierno o paraíso de homosexualidad en la atmósfera fabril y cruenta de Nueva York: «Nueva York de cieno, Nueva York de alambre y de muerte.» Y en seguida la figura gigantesca:

Ni un solo momento, viejo hermoso Walt Whitman,
he dejado de ver tu barba llena de mariposas,
ni tus hombros de pana gastados por la luna,
ni tus muslos de Apolo virginal,
ni tu voz como una columna de ceniza;
anciano hermoso como la niebla,
que gemías igual que un pájaro
con el sexo atravesado por una aguja,
enemigo del sátiro,
enemigo de la vid
y amante de los cuerpos bajo la burda tela.

¿No tiene algo este Walt Whitman lorquiano, con la «barba llena de mariposas», de los arcángeles del *Romancero*? Allí se paganizaba lo sacro y aquí se sacraliza lo pagano. Y no falta, por supuesto, la alusión a los muslos.

Ni un solo momento, hermosura viril
que en montes de carbón, anuncios y ferrocarriles,
soñabas ser un río y dormir como un río
con aquel camarada que pondría en tu pecho
un pequeño dolor de ignorante leopardo.

Lorca canta esa homosexualidad ejercida en una naturaleza pansexual, sobre el confuso y vasto atlas de los Estados Unidos.

Ni un solo momento, Adán de sangre, macho,
hombre solo en el mar, viejo hermoso Walt Whitman,
porque por las azoteas,
agrupados en los bares,
saliendo en racimos de las alcantarillas,
temblando entre las piernas de los «chauffeurs»
o girando en las plataformas del ajenjo,
los maricas, Walt Whitman, te soñaban.

¡También ése! ¡También! Y se despeñan
sobre tu barba luminosa y casta
rubios del Norte, negros de la arena,
muchedumbres de gritos y ademanes,
como gatos y como las serpientes,
los maricas, Walt Whitman, los maricas,
turbios de lágrimas, carne para fusta,
bota o mordisco de los domadores.

Los maricas en las azoteas son una imagen recurrente de Lorca. En otro libro dirá: «Los mariquitas del Sur / cantan por las azoteas.» Con su condena de los homosexuales de ciudad y alcoba, viciosos como gatos y como serpientes, Lorca está haciendo un canto a esa otra forma superior de homosexualidad que tiene un canto a esa otra forma superior de homosexualidad que tiene su precedente ilustre en Grecia y se integra ya en un panteísmo o panerotismo de algún modo grandioso. Lorca condena el vicio escondido y servil. Lorca canta la libertad total del sexo, la sexualidad-límite, que es la sexualidad gratuita, pura, sin afán ni consecuencia de reproducción: la homosexualidad.

Pero tú no buscabas los ojos arañados,
ni el pantano oscurísimo donde sumergen a los niños,
ni la saliva helada,
ni las curvas heridas como panza de sapo
que llevan los maricas en coches y terrazas
mientras la luna azota por las esquinas del terror.

Coches, terrazas, esquinas: ciudad. Lorca fustiga la homosexualidad ciudadana, porque entiende la homosexualidad como acto natural dentro del friso grandioso de la naturaleza sin dogma. Cuando la homosexualidad es recluida y embozada dentro de la sociedad que la proscribe, se convierte en algo clandestino y pecaminoso. Pierde su grandeza, se envilece. Sin duda, Lorca siente que sólo la naturaleza total, en su continuo hacer sexual, puede asumir (y quizá absolver) ese acto. Es la misma actitud de André Gide en *Corydon* y de Marcel Proust en *Sodoma y Gomorra*, al complicar una peripecia homosexual humana con la homosexualidad de ciertas plantas. Homosexualidad o unisexualidad:

Tú buscabas un desnudo que fuera como un río.
....
el cielo tiene playas donde evitar la vida,
y hay cuerpos que no deben repetirse en la aurora.

Claro que la actividad de la naturaleza es predominantemente bisexual y reproductora, pero también hay en ella mucha sexualidad gratuita, mucho erotismo superfluo cuyo secreto, si es que lo tiene, no conoceremos nunca: por ejemplo, el despliegue de la cola del pavo real, abanico erótico que otras especies no precisan en absoluto para su juego sexual. Como hay también en la naturaleza mucha maldad y muerte gratuita, superflua: ¿quién podrá explicarnos alguna vez la maldad de la cobra (tan sugestionante para Lorca), maldad pura, sin justificación en el ciclo vital? Este exceso de sexualidad y muerte es el que invocan sin saberlo todos los heterodoxos vitales —homosexuales, suicidas— para justificar su acto. (El hombre no puede vivir sin justificaciones porque justificando sus actos justifica su existencia misma, que es naturalmente injustificable y, por eso, angustiosa.) Mas la identificación total con la naturaleza es imposible, puesto que el hombre se despegó alguna vez de ella para siempre (aun cuando el marxismo le crea aún ligado a lo natural, con esa necesidad de religación a algo que tienen todos los movimientos dogmáticos, admitan o no el nombre de religiones). El drama del hombre es que ya no es naturaleza ni tampoco puede dejar de serlo totalmente. Lorca, tan bañado de naturaleza, experimenta también este drama, y se lo comunica a su cantado Walt Whitman (drama, conflicto que antes las religiones y ahora el marxismo quieren abolir para rehabilitar y redimir al hombre; conflicto con el que habrá que contar siempre, queramos o no, para entender y aliviar, ya que no remediar, la condición humana):

Agonía, agonía, sueño, fermento y sueño.
Éste es el mundo, amigo, agonía, agonía.
Los muertos se descomponen bajo el reloj de las ciudades,
la guerra pasa llorando con un millón de ratas grises,
los ricos dan a sus queridas
pequeños moribundos iluminados,
y la vida no es noble, ni buena, ni sagrada.

«Y la vida no es noble, ni buena, ni sagrada.» ¿Qué decir de este verso? Lorca lo escribe cuando está tratando el tema candente, en plena y desnuda sinceridad.

¿Cómo puede seguir tomándose por optimista a ultranza a quien ha escrito este verso en uno de sus poemas fundamentales? Puesto que la vida no es noble, ni buena, ni sagrada, puede el hombre elegir la libertad total:

> *Puede el hombre, si quiere, conducir su deseo*
> *por vena de coral o celeste desnudo.*
> *Mañana los amores serán rocas y el Tiempo*
> *una brisa que viene dormida por las ramas.*

Partimos de una menesterosidad —la vida no es noble, ni buena, ni sagrada—, y vamos a una gratuidad —mañana los amores serán rocas—, de modo que, ¿qué importa cómo hayan sido esos amores, ortodoxos o heterodoxos? Libertad y nihilismo en estos versos. El poema alcanza una hondura confesional que le hace sustantivo para entender y encontrar al hombre Lorca. Dice Sartre que «estaremos de más por toda la eternidad». Dice Lorca que «mañana los amores serán rocas». Y por eso:

> *...no levanto mi voz, viejo Walt Whitman,*
> *contra el niño que escribe*
> *nombre de niña en su almohada,*
> *ni contra el muchacho que se viste de novia*
> *en la oscuridad del ropero,*
> *ni contra los solitarios de los casinos*
> *que beben con asco el agua de la prostitución,*
> *ni contra los hombres de mirada verde*
> *que aman al hombre y queman sus labios en silencio.*

Exasperado pansexualismo de Lorca que todo lo asume y sólo se rebela:

*... contra vosotros, maricas de las ciudades,
de carne tumefacta y pensamiento inmundo,
madres de lodo, arpías, enemigos sin sueño
del Amor que reparte coronas de alegría.*

«Maricas de las ciudades.» Y luego hace una enumeración cosmopolita: «Faeries» de Norteamérica, «Pájaros» de La Habana, «Jotos» de México, «Sarasas» de Cádiz, «Apios» de Sevilla, «Cancos» de Madrid, «Floras» de Alicante, «Adelaidas» de Portugal. Condena a los maricas «abiertos en las plazas con fiebre de abanico». Es muy curiosa esta discriminación de Lorca contra la homosexualidad ciudadana, civilizada, frente a la de «los puros, los clásicos». Se trata, como hemos visto, de integrar el amor unisexual en la naturaleza, que puede asumirlo y magnificarlo. Ejercer ese amor a escondidas de una sociedad que lo persigue es para Lorca miserable, ya que la unisexualidad, en esas condiciones, se humilla, se pervierte, se encanalla. El tirón natural, telúrico, de Lorca está otra vez aquí. Él es hombre de naturaleza, aunque no precisamente de la mejor naturaleza, como ya hemos reiterado. Despegado de ella, como toda la especie, trata de reabsorberse en su matriz turbia, y toda su obra no es sino este esfuerzo de reuterinización.

*Y tú, bello Walt Whitman, duerme a orillas del Hudson
con la barba hacia el Polo y las manos abiertas.
Arcilla blanda o nieve, tu lengua está llamando
camaradas que velen tu gacela sin cuerpo.
Duerme, no queda nada.*

Ya ha reintegrado a la naturaleza a su amigo nunca visto. Ya le ha reuterinizado. Ya lo tiene bello y puro para siempre en la tierra sin pecado porque es toda pecado. Le ha salvado de la «danza de muros que agita las praderas» mientras «América se anega de máquinas y llanto». Desea, finalmente, que:

> *... un niño negro anuncie a los blancos del oro*
> *la llegada del reino de la espiga.*

Sueña con el triunfo del oro natural de la espiga frente al oro de Wall Street, el oro de los blancos. El poema del máximo canto a la libertad sexual, a la sexualidad-límite (la sexualidad gratuita), se cierra así con una vuelta esperanzada —o tranquilizada, al menos—, a esa naturaleza que para Lorca es panerotismo.

14

EL MAL SUPERFLUO

Hemos hablado del erotismo superfluo y del mal superfluo que flotan sobre la naturaleza o emergen de ella como un exceso inexplicable y turbador. Llamamos erotismo superfluo a aquel que excede de los ciclos vitales. Hemos puesto el ejemplo del despliegue suntuoso del pavo real y podríamos poner otros muchos —infinitos— referidos a la naturaleza y a sus seres. Pero, naturalmente, nos interesa estudiar esto, sobre todo, en el hombre. El celo perpetuo de la especie humana es, por otra parte, el más extremado ejemplo de erotismo superfluo, puesto que las demás especies viven, se perpetúan y no se extinguen dentro de un ciclo de reproducción fijo. E igual podría acontecer con la nuestra. El erotismo superfluo es, en puridad, el único erotismo, el verdadero erotismo, pues lo otro, el impulso sexual dirigido y medido por la naturaleza, justo y necesario, no es erotismo, sino mera historia natural.

En cuanto al mal superfluo, ya hemos puesto el ejemplo de la cobra, que evidentemente no precisa de tanta malignidad instintiva y fisiológica para subsistir. Igualmente podrían multiplicarse los ejemplos sobre el mal superfluo. Mas vengamos al hombre. También en el hombre encontramos el caso extremado de malignidad superflua. Y para hallarla en estado puro no hay sino concretarse a los niños, que no tienen motivaciones de revancha o rencor, puesto que la naturaleza, la vida y el hombre les ha sonreído desde que nacieron. (Dice el poeta francés en felicísima imagen: «Como los líquidos sonríen a los niños.») Incluso los líquidos, sí. Porque ellos reflejan su sonrisa —los niños— en el agua original. Tampoco precisa el niño de maldad para subsistir, ya que todo en torno le protege. Sin embargo, la actitud fundamental del niño —coexistente con su inefable sonrisa— es de hostilidad. Hostilidad que no puede estar justificada por la propia biografía —inexistente—, como en el adulto (como creemos que lo está en el adulto). ¿Por qué tanta hostilidad congénita en la especie humana? ¿Por qué la maldad superflua? Puede ser una herencia remota. Mas sabemos que, de igual modo que la función crea el órgano, el peligro cósmico crea la mecánica defensiva en cada especie. Función y órgano están siempre perfectamente adecuados. El órgano se atrofia sin función. El erotismo y la maldad podían haberse atrofiado —o disminuido— a medida que la vigencia de las especies se ha ido estabilizando. Pero no ha sido así. Hay un erotismo y una maldad que llamo «excesivos», «superfluos», en la naturaleza y en el hombre, y los llamo así porque exceden del instinto de reproducción y conservación. Son gratuitos. Al menos, hoy. Y ya vemos que es problemático si no lo han sido alguna vez. Del mismo modo que, en rigor, sólo puede llamarse «erotismo» al erotismo superfluo, sólo podría llamarse «mal» al mal superfluo. Lo otro —los instintos de defensa y ataque— es el mal necesario. Es también historia natural.

Vistas así las cosas, sólo podríamos llamar «maldito», realmente, al hombre fascinado y ganado por el erotismo y el mal superfluos. En este libro venimos entendiendo por maldito a todo hombre —preferentemente, casi necesariamente, creador— que participa de las fuerzas negativas —positivas también, por necesarias— de la naturaleza. Pero una exigencia última de depuración, en el concepto de maldito, que tanto nos ocupa, descubre que el verdadero maldito no es el fascinado por el mal tanto como el fascinado por el mal superfluo. La gratuidad del mal es lo que hace al mal «maldito» (y no estamos jugando con las palabras). A esa superfluidad, a esa gratuidad del mal sobre la tierra, es a lo que más justamente podemos llamar satanismo, demonismo, luciferismo. Por inexplicable.

A esta luz, queda claro que García Lorca es un hombre fascinado por el erotismo superfluo —pansexualismo, homosexualismo— y por el mal superfluo —el que se convoca mediante el esoterismo—. Los gitanos, los negros y los invertidos son o han sido tres razas superfluas, no sólo en el sentido de su inadaptación y desaprovechamiento social, sino en el más profundo de que viven de una sexualidad excesiva, superflua, y de un mal también superfluo: esoterismo de negros y gitanos, ritos sexuales de los invertidos.

De ahí la sugestión y afinidad de Lorca con respecto de esas tres razas, determinadas étnicamente dos de ellas, sexualmente la otra.

Quizá el máximo exponente del mal superfluo en toda la obra de Lorca —y nada de esto fue nunca razonado por él, sin duda y afortunadamente— se encuentre en su *Llanto por Ignacio Sánchez Mejías*. Lorca gozaba y sufría profundamente el mal superfluo. A lo largo de toda su obra estudiada hasta aquí tenemos abundantes ejemplos en los dos sentidos. Pero ningún ejemplo y símbolo más claro, más andaluz, más lorquiano, del mal superfluo en la naturaleza, que el toro. ¿Por qué esas astas asesinas que el poeta Rafael Morales llamó «pensamientos de muerte edificados»? ¿Por qué ese continuo «pensamiento» de muerte en el instinto del toro? ¿Por qué esa agresividad, esa ira en sus ojos? El toro es, quizá, la más hermosa y terrible visión del mal superfluo sobre la tierra. El toro es demoníaco y quizá hay alguna relación entre esto y la secular representación del demonio con cuernos. El toro, evidentemente, se excede. No necesitaba de tanto para subsistir y defenderse. (El toro no es fiero porque se le torea, sino al revés; y me permito recordar esto, que parece obvio, pero ha llegado a olvidarse.) Así, el gran poema de Lorca al mal superfluo es «La cogida y la muerte». En esta composición, el toro, maldad pura, acaba con la vida de un hombre (y para nada cuenta aquí el que el hombre, a su vez, se propusiese acabar con el toro). Esto duele y fascina profundamente a Federico. Le duele y le *fascina*. En todo el poema hay una gran fascinación por la muerte, por la maldad natural en acto, por la maldad gratuita del toro:

> *¡Y el toro solo corazón arriba!*
> ....
> *El toro ya mugía por su frente.*

En «La sangre derramada» —otro gran poema sonámbulo de Lorca— se hace aún más evidente esta fascinación:

> *No se cerraron sus ojos*
> *cuando vio los cuernos cerca;*
> *pero las madres terribles*

> *levantaron la cabeza.*
> *Y a través de las ganaderías*
> *hubo un aire de voces secretas*
> *que gritaban a toros celestes,*
> *mayorales de pálida niebla.*
>
> ....
>
> *¡Oh negro toro de pena!*

Y en «Alma ausente» esos versos finales que habría que volver sobre el propio Lorca:

> *Tu apetencia de muerte y el gusto de su boca.*
> *La tristeza que tuvo tu valiente alegría.*
>
> *Tardará mucho tiempo en nacer, si es que nace,*
> *un andaluz tan claro, tan rico de aventura.*
> *Yo canto su elegancia con palabras que gimen*
> *y recuerdo una brisa triste por los olivos.*

15

«DIVÁN DEL TAMARIT»

Diván del Tamarit data de 1936 y es, por lo tanto, el último libro conocido de Lorca. «Gacela del amor imprevisto», primer poema del libro, que se abre con el apartado así titulado, «Gacelas», tiene ya un tono oscuro —«tu boca ya sin luz para mi muerte»— que hace pensar en el libro mítico y desconocido de Lorca, el titulado precisamente *Sonetos del amor oscuro*. No sería aventurado suponer que algunos poemas recogidos en otros libros —quizá en el *Diván*— formarían luego parte de aquél. Algunos estudiosos de Lorca lo han sentado así. Gran parte del Diván tiene ese tono de «amor oscuro». En «Gacela de la terrible presencia» leemos:

> *Puedo ver el duelo de la noche herida*
> *luchando enroscada con el mediodía.*
> ....
> *Déjame en un ansia de oscuros planetas,*
> *pero no me enseñes tu cintura fresca.*

Y en «Gacela del amor desesperado» (los títulos ya son significativos):

> *Pero tú vendrás*
> *por las turbias cloacas de la oscuridad.*

Y en «Gacela del niño muerto»:

*Tu cuerpo, con la sombra violeta de mis manos,
era, muerto en la orilla, un arcángel de frío.*

Y en «Gacela de la raíz amarga»:

*Duele en la planta del pie
el interior de la cara.*

Y en «Gacela del recuerdo de amor»:

*Me separa de los muertos
un muro de malos sueños.
....
Un muro de malos sueños
me separa de los muertos.*

Y en «Gacela de la muerte oscura»:

*Cúbreme por la aurora con un velo,
porque me arrojará puñados de hormigas,
y moja con agua dura mis zapatos
para que resbale la pinza de su alacrán.*

Y en «Gacela del amor maravilloso»:

*Cielos y cielos
azotaban las llagas de mi cuerpo.*

Y en «Gacela de la huida»:

*No hay noche que, al dar un beso,
no sienta la sonrisa de las gentes sin rostro,*

ni hay nadie que, al tocar un recién nacido,
olvide las inmóviles calaveras de caballo.

Porque las rosas buscan en la frente
un duro paisaje de hueso,
y las manos del hombre no tienen más sentido
que imitar a las raíces bajo tierra.

Libro de amor lúgubre donde, de pronto, descubrimos la verdad: que no es un libro de amor, sino un libro de muerte, como en las dos estrofas que acabamos de reproducir. El último libro de Lorca es, en realidad, su primer libro de amor. Casi íntegramente dedicado al tema amoroso. El erotismo de Lorca, que colorea fuertemente toda su obra, desaparece aquí para dejar paso al amor, como el amor, dentro del libro mismo, va dejando paso a la muerte. Lorca, a lo largo de la casi totalidad de su obra, es un poeta erótico; casi nunca un poeta amoroso. Ya hemos visto cómo le fascina el erotismo superfluo de la naturaleza. Cuando habla de amor, su palabra nos suena siempre a juego. Cuando habla de sexo, nos estremece de autenticidad. Un temperamento fuertemente erótico, como el de Lorca, no es el más propicio al enamoramiento. Esa sublimación de la libido que es el amor no se hace posible a partir de una libido rebelde, sino de una libido sumisa, débil. Que no es, ciertamente, la de Federico. Hombre y poeta profundamente confundido con la naturaleza más naturaleza, era difícil que el juego mental del amor prendiese en él. Lorca, sí, es poeta erótico en toda su obra, y no sólo y precisamente en sus poemas de erotismo. Erótico y no amoroso porque, repetimos, vive del erotismo superfluo de la naturaleza. El amor reduce el sexo a sentimiento, mientras que el impulso de Lorca es reducir el mundo a sexo. Así, sólo cuando se va cumpliendo en él el proceso heideggeriano de individuación, cuando tiene ya treinta y ocho años, ha viajado y hecho gran parte de su obra, ha vivido y sentido, empieza a volver sobre sí mismo y escribe su primer libro de amor, que es su último libro. Lorca no podía escribir antes este libro. Estaba demasiado inmerso en naturaleza, en sexo, en erotismo superfluo (que es el más fuerte y embriagante). Ahora, en 1936, cuando se va despegando de la naturaleza, por una parte, y de la sociedad por otra, se recoge en el Tamarit y escribe su *Diván*. Pero es demasiado tarde y su amor de treinta y ocho años, como todo amor tardío, resulta lúgubre, «oscuro». *Diván* es el libro más confesional de Lorca y el más puramente lírico, subjetivo. Pronto adivinamos que ese amor que canta, lúgubre por tardío, no es sino una manera poética de confesión. La mínima dramatización a que Lorca, tan dramatizante siempre, reduce ya la expresión de su lirismo. ¿Y qué es lo que hay en su lirismo subjetivo, intimista, confesional? Muerte y sólo muerte, para decirlo con palabras suyas. ¿Adivinación del final que esperaba en seguida? No hagamos magia fácil. No novelicemos al personaje. Ya hemos dicho en otro momento que Lorca, sano y todavía joven, no tenía por qué esperar la muerte en 1936. «Si alguien se salva de esto, será Federico», le había dicho, más o menos, Jorge Guillén al padre de Lorca, a propósito de la recién iniciada guerra civil. Efectivamente, en esa conciencia de la neutralidad o inocencia de Lorca vivían todos en torno a él, e incluso él mismo. Así pues, *Diván* no es un libro funeral, mortuorio, porque tenga presagios de la muerte cercana, como se ha venido sosteniendo novelescamente. La muerte no le viene del futuro, sino del pasado. La muerte la traía Lorca consigo al Tamarit. Hemos venido rastreándola en toda su obra y dándole diversos nombres: el mal, el misterio, el drama... Cuando la depuración artística y humana reducen al mínimo las dramatizaciones externas del poeta, éste se queda a solas con su lírica y su tragedia. Si su dramaturgia teatral y poética no era sino la puesta en marcha y en escena de su tragicismo lírico, cuando renuncia —no totalmente— a esa dramaturgia, cuando suprime el tinglado de la antigua farsa de su vida y su obra, lo que queda es amor y muerte. Muerte sólo, pues el amor no es otra cosa que el residuo de su espontánea dramatización, dinamización de un sentimiento estático: la pena existencial, la angustia andaluza, la muerte.

Este primer apartado del libro termina con la «Gacela del mercado matutino»:

> *Por el arco de Elvira*
> *quiero verte pasar,*
> *para saber tu nombre*
> *y ponerme a llorar.*
>
> *¿Qué luna gris de las nueve*
> *te desangró la mejilla?*
> *¿Quién recoge tu semilla*
> *de llamarada en la nieve?*
> *¿Qué alfiler de cactus breve*
> *asesina tu cristal?*
>
> *Por el arco de Elvira*
> *voy a verte pasar,*
> *para beber tus ojos*
> *y ponerme a llorar.*
> *¡Qué voz para mi castigo*

levantas por el mercado!
¡Qué clavel enajenado
en los montones de trigo!
¡Qué lejos estoy contigo,
qué cerca cuando te vas!

Por el arco de Elvira
voy a verte pasar,
para sentir tus muslos
y ponerme a llorar.

Éste es uno de los pocos poemas del libro donde el sentimiento puro está teatralizado, pormenorizado, circunstanciado, dinamizado. Lo damos aquí como excepción que es a la regla que, según hemos expuesto, rige *Diván del Tamarit*. La composición se cierra con la gran obsesión erótica de Lorca: «Para sentir tus muslos / y ponerme a llorar.»

Las «Casidas» se abren con la «Casida del herido por el agua», que es otro bello poema sonámbulo —el onirismo de Lorca no le abandonará nunca— y tiene el mismo tono funeral de las «Gacelas»:

Quiero bajar al pozo,
quiero morir mi muerte a bocanadas,
quiero llenar mi corazón de musgo
para ver al herido por el agua.

A este poema le sigue «Casida del llanto»:

Pero el llanto es un perro inmenso,
el llanto es un ángel inmenso,
el llanto es un violín inmenso,

> *las lágrimas amordazan al viento,*
> *y no se oye otra cosa que el llanto.*

«Casida de los ramos» es uno de los más importantes poemas de todo el libro. Jorge Guillén ha estudiado muy lúcidamente la estructura del poema, su escondida grandiosidad de concepción, su colosalismo metafórico. Para mí, «Casida de los ramos» es un poema clave en toda la obra de Lorca. Porque Lorca, lírico dramatizante, escenografiante de los sentimientos más inaprehensibles, pocas veces —quizá ninguna— se queda tan solo, tan consigo mismo, tan «empobrecido de facultades», como le gustaría a él decir, para meditar sobre la muerte:

> *Por las arboledas del Tamarit*
> *hay muchos niños de velado rostro*
> *a esperar que se caigan mis ramos,*
> *a esperar que se quiebren ellos solos.*

Es un poema con «perros de plomo», ramos que se caen, manzanas de sollozos y «penumbra con paso de elefante». Soledad y desaliento. Y, finalmente, esos «niños de velado rostro» esperando que se le quiebren los ramos de la vida al poeta. Sabiendo que la muerte estaba cercana de Federico, la perspectiva nos produce un error óptico que inmediatamente llevaría a hablar de «poema lleno de presentimientos de la muerte». Pero corrijamos ese error. Miremos mejor. Nuestra mirada retrospectiva, histórica, no puede ser la mirada del poeta cuando escribió este poema. Le estamos atribuyendo una certidumbre nuestra que nunca pudo ser suya. Le trasladamos nuestra certidumbre histórica dándole el nombre de «presentimiento», y todo queda deliciosamente poético. Asquerosamente pseudopoético. No. Ya hemos dicho que la muerte como vivencia no podía venirle del futuro, sino del pasado. En «Casida de los ramos», Lorca se ve cercado de «niños de velado rostro», bajo la caída inminente de sus ramos, porque su visión de la humanidad ha sido siempre misteriosa —el otro como incógnita—, y su visión de la naturaleza, trágica. Su panteísmo, antihedonista. Con su secreto desdoblamiento psicológico exacerbado por el tiempo, con su triple desgarrón sexual, psíquico y moral agudizado por la vida, Lorca, cercano a la madurez, se queda solo, quieto, amedrentado, en la dramática naturaleza granadina, y toda la muerte vivida y viviente le rodea, le cerca. Le angustia.

En «Casida de la muerte tendida» se llega a la conjunción de amor y muerte. Se corrobora el *amor oscuro*, que es, además, un amor oscurecido siempre por la sombra de la muerte:

> *Bajo las rosas tibias de la cama*
> *los muertos gimen esperando turno.*

En «Casida del sueño al aire libre», «la niña es un ramo nocturno / por el inmenso pavimento oscuro». En «Casida de la mano imposible», esa mano «sería el guardián que en la noche de mi tránsito / prohibiera en absoluto la entrada a la luna»:

Yo no quiero más que esa mano
para los diarios aceites y la sábana blanca de mi agonía.
Yo no quiero más que esa mano
para tener un ala de mi muerte.

«Casida de las palomas oscuras», que cierra el libro, es un poema publicado muy anteriormente por Federico y que ya hemos comentado como ejemplo característico de «poema sonámbulo».

Diván del Tamarit es un libro intenso donde se pide el amor y se espera la muerte. En la vida de Federico comenzaba a bajar la marea del sexo, dejando esa resaca sentimental que del sexo resta siempre: una necesidad de amor y de ternura, de quietud acariciada y acariciante, de soledad compartida. Pero la muerte puede más que nada en estos versos sombríos. La muerte como conciencia estática que el poeta renuncia ya a dinamizar, a dramatizar, como había venido haciendo en toda su obra. (Esta renuncia es relativa, naturalmente, y sólo sabe hablar de ella en contraposición con todo lo anterior escrito por Lorca.) Buena parte de los poemas de este libro son ya estáticos, no dinámicos. De pronto, en la poesía de Lorca dejan de pasar cosas. *Diván del Tamarit* no es un libro en movimiento, como el *Romancero* o el *Poeta*, sino un libro quieto —relativamente quieto—, donde comprendemos que los múltiples argumentos de un poeta tan argumental eran un solo argumento: la muerte. Con la vida cansada y la obra en depuración, Lorca renuncia en el *Diván* a inventar argumentos para su lírica o a ponerle lírica a sus argumentos. Así, el *Diván* es un libro donde no pasa nada o pasan muchas menos cosas que en toda la poesía anterior de Lorca. Este Lorca tardío ha perdido casi todo su dinamismo. Se ha quedado quieto. Como para morir.

16

POEMAS SUELTOS

A sus veinte años de edad compone Lorca su «Oración de las rosas», poema largo, ingenuamente modernista, donde el maldito de guardarropía —que apenas tiene que ver con el «maldito» que nosotros venimos estudiando— llama a María de Nazaret «flor de Dios y Luzbel», con pueril osadía blasfematoria. A la misma edad escribe «Éste es el prólogo», poema que había de abrir, ¿qué libro? En él dice que «el poeta es el médium de la Naturaleza», con lo que anticipa ya, inopinadamente, su posterior sentido esotérico de naturaleza y poesía. Estudiando otros poemas primerizos de Lorca hemos discernido ya esta melancolía aún adolescente del poeta, su falso dramatismo de los veinte años peripatéticos, del posterior dramatismo lorquiano. No vale apoyarse en estos débiles precedentes para probar nada, pero sí resulta curioso volver ahora a ellos, con ocasión de otros poemas primerizos, cuando hemos recorrido buena parte del periplo propuesto en este libro y vemos mirando hacia atrás lo que antes mirábamos hacia adelante. El hombre Lorca que hemos encontrado —si es que lo hemos encontrado— no tiene nada que ver con toda esta ganga de la primera juventud, pero detengámonos un momento en ella, ahora ya de vuelta, como antes lo hicimos de ida.

«Confusión» supone una adivinación primera del desdoblamiento psicológico del Lorca posterior: «¿Quién me refleja pensamientos?» En estos poemas sueltos de Lorca, como en sus libros primeros, apunta a veces todo lo que cuajaría después: tragicismo, dramatismo, erotismo, minimización y primor, conciencia de la muerte, paganización de lo sacro y un vago nihilismo romántico que luego superaría el poeta mediante su panteísmo trágico. (No la nada como angustia, puesto que la nada no existe, sino el todo como angustia.)

La «Oda a Salvador Dalí» es un poema singular en toda la obra de Lorca, un poema escrito a contracorriente. Lorca, inmerso en su caos de creación, en una creación de manadero caótico, se esfuerza por dibujar un mundo aséptico, geométrico y cartesiano en homenaje a su pintor amigo. Se trata de traducir a palabras la pintura objetiva, fría y racional que estaba intentando hacerse por entonces. La extensa e intensa receptividad de Lorca le lleva a la comprensión de ese mundo de norma que no es el suyo. Pero el poema, por lo que tiene de esfuerzo del autor contra sí mismo, de autocorrección, resulta mucho más trascendente que el empeño meramente amistoso de que ha nacido. En esta «Oda» vemos hasta qué punto Lorca es capaz e incapaz de hacer la poesía de la naturaleza en orden, él que tan profundamente siente y vive la naturaleza como caos:

> *Una rueda en la pura sintaxis del acero.*
>
> ....
>
> *Los pintores modernos, en sus blancos estudios,*
> *cortan la flor aséptica de la raíz cuadrada.*
>
> ....
>
> *La máquina eterniza los compases binarios.*

Naturaleza ordenada y civilización mecánica. Pero «una ausencia de bosques, biombos y entrecejos / yerra por los tejados de las casas antiguas». Hay en el poema momentáneas escapadas, como ésta, al mundo barroco que el poeta ama. Mas el esfuerzo ordenador se reitera:

El aire pulimenta su prisma sobre el mar.

Este verso parece del aritmético Jorge Guillén. Los marineros «ignoran el vino y la penumbra», y la noche ha perdido de pronto todo misterio para el noctámbulo, noctívago y nocherniego Federico. Es ya sólo «negra estatua de la prudencia». Porque «un deseo de formas y límites nos gana». Lo cual no impide que, a despecho de formas y límites, los pescadores utilicen en alta mar, como brújula, una rosa.

De este modo se traiciona Lorca a sí mismo en todo el poema. Tras un verso que quiere ser ecuacional como una fórmula, viene la metáfora dislocadora. Y, lo que es más divertido, las propias descripciones «objetivas» se le tornan al poeta barrocamente subjetivas: «Viene el hombre que mira con el metro amarillo.» Ese «mira», en lugar de «mide», ese inspirado cambio de verbo es ya deformante, expresionista, barroco. La invocación al hombre que mide, tomado como símbolo de un mundo métrico, convierte, sin quererlo, a ese hombre en esperpento. De esta especie de poema a la geometría resulta, así, una deliciosa geometría deformada y arbitraria, encantadoramente lírica (lo que no invalida en absoluto el empeño rigorista de la oda). «Las sirenas convencen, pero no sugestionan.» Mas luego resulta que «salen si mostramos un vaso de agua dulce». Fina ocurrencia que ya le está haciendo burla a la sentencia anterior. En homenaje a su época cubicadora, Lorca escribe este elogio de la norma, este poema «contra natura», contra su natura, y el propósito ya es, en sí interesante, pero la norma, cantada voluntariamente en el poema, no está en el poema, sino fuera de él. Lorca nunca la podrá hacer suya. Otras son sus secretas normas creadoras. Y en la misma invocación al destinatario de la oda asoma el Lorca de siempre, gitanizando al pintor catalán:

¡Oh Salvador Dalí, de voz aceitunada!

De quien luego dirá recompensadoramente:

Alma higiénica, vives sobre mármoles nuevos.
Huyes la oscura selva de formas increíbles.

Y formula posteriormente una idea que es exactamente lo contrario de lo que él siente y vive:

El mudo tiene sordas penumbras y desorden
en los primeros términos que el humano frecuenta.

Bien sabemos que no es en los primeros términos, sino en los ultimísimos y definitivos donde él busca, encuentra y necesita «penumbras y desorden», aunque ahora nos hable de las estrellas y «el esquema perfecto de sus órbitas». Con imagen vagamente tomada de Góngora, cuando don Luis nos habla de las horas «de números vestidas», Lorca dice aquí que «la corriente del tiempo se remansa y ordena / en las formas numéricas de un siglo y otro siglo». «Y la Muerte vencida se refugia temblando / en el círculo estrecho del minuto presente.» Qué bella mentira ha escrito aquí Lorca. El solo hecho de escribir «Muerte» con mayúscula ya le desmiente. Pero sabemos que la muerte impera en toda su obra, y ni siquiera como referido al mundo externo de que está hablando podemos aceptar esto. Él, gran onírico, habla luego de una luz «donde no cabe el sueño ni su flora inexacta». Es notable el esfuerzo por dibujar un mundo antípoda del propio. Lorca triunfa estéticamente en el empeño. Pero sólo estéticamente. Al contrario que las sirenas cubistas, sugestiona, pero no convence. En todo el poema lucha esa improvisada voluntad de orden con las fuerzas naturales y tumultuarias que a él le mueven:

Luz que temen las vides entrañables de Baco
y la fuerza sin orden que lleva el agua curva.

Más adelante encontramos este verso: «El pez en la pecera y el pájaro en la jaula.» La Naturaleza domesticada. Pero inmediatamente recordamos otros versos suyos, escritos directamente, y no en trance de mimetismo: «El barco sobre la mar. Y el caballo en la montaña.» La Naturaleza —e incluso la máquina— en libertad. El juego de fuerzas contrapuestas es continuo en todo el poema:

Dice la línea recta su vertical esfuerzo
y los sabios cristales cantan sus geometrías.
Pero también la rosa del jardín donde vives.

Lorca canta en este poema «el amor a lo que tiene explicación posible». Mas finalmente, cumplido el homenaje al amigo y a la hora estética de 1926 —fecha del poema—, se rinde y vuelve por sus fueros vitales:

No es el arte la luz que nos ciega los ojos.
Es primero el amor, la amistad o la esgrima.

Jugando a mimetizar de buena voluntad el afán perfeccionista de su tiempo, Lorca nos da un revés de poema mucho más valioso que el poema. Cuando se acerca comprensivamente al mundo de la norma objetiva es cuando más lejos le vemos de él. El experimento de la oda tiene de interesante todo lo que tiene de frustrado.

En «La sirena y el carabinero» suenan «cornetines de cobre que los carabineros / tocan en la batalla contra el mar y sus gentes». La «Oda al Santísimo Sacramento del Altar» es un poema desconcertante, en principio, dentro del mundo poético lorquiano. Pero anticipemos que nada tan equivocado como tomarle por un poema devoto, pío. Para desmentir esa idea bastaría con este verso:

sobre el mundo de ruedas y falos que circula.

Y más adelante dice del Sacramento:

Porque tu signo es clave de llanura celeste
donde naipe y herida se entrelazan cantando.

«Naipe y herida.» Indudablemente, Lorca está ya esoterizando, quizá involuntariamente, el misterio católico, que ni siquiera como misterio quiere ser esotérico. No acierta —en el supuesto de que se lo haya propuesto— con la ortodoxia. El fragmento de este poema que nos ha llegado se cierra con el apartado «Demonio». El apartado anterior se titula «Mundo». Mundo y demonio tiran mucho más del poema —por no decir del poeta— que el tema capital y sacro, tratado, por otra parte, con equívoco desenfado lírico. Pero más adelante veremos, en declaraciones del propio Federico, en qué circunstancias escribió esta composición, que es casi un desplante —vano— a todo lo que le estaba acosando dentro y fuera de sí, un refugio más sentimental que religioso que el poeta se construye con versos para resguardarse de las celliscas de la vida momentáneamente.

El prodigioso soneto que se inicia con el verso «Tengo miedo a perder la maravilla», puede pertenecer ya, seguramente —está fechado en 1936—, a los «Sonetos del amor oscuro»:

Tengo pena de ser en esta orilla
tronco sin ramas; y lo que más siento
es no tener la flor, pulpa o arcilla
para el gusano de mi sufrimiento.

Asimismo, el titulado «El poeta pide a su amor que le escriba»:

Pero yo te sufrí, rasgué mis venas,
tigre y paloma, sobre tu cintura
en duelo de mordiscos y azucenas.

Con lo que ese libro mítico sería el segundo de amor escrito por Lorca. Su verdadero libro de amor. Pero ya hemos visto, releyendo el *Diván*, cómo ambos libros se confunden en uno solo por el entrecruce de poemas, por el tono de ambos y por el aludido carácter mítico de los *Sonetos*, que nadie parece o confiesa haber leído nunca completos.

«Canción de la muerte pequeña» data de 1935. En este poema de fúnebre juego, Lorca se queda a solas con

«Ella», con la muerte: «Una muerte y yo un hombre.» «Tierra y luna», de 1934, es un poema que se ha escapado de *Poeta en Nueva York*:

> *Me quedo con el niño desnudo*
> *que pisotean los borrachos de Brooklin,*
> *con las criaturas viudas que pasan bajo los arcos.*

Igualmente, «Luna y panorama de los insectos», poema donde se invoca a la Virgen, poema franciscano con ese franciscanismo que le venía dado a Lorca por su proclividad a la minimización y el primor, pero que siempre le resulta larvado de sexualidad. Para borrar la posible impresión devota del poema basta con recortar imágenes como ésta, tan irrespetuosa, referida a la Virgen: «Ballena de todos los cielos.» El planteamiento de los temas católicos en Lorca sigue siendo esteticista y desenfadado. El mayor error para con Lorca y la mayor irrespetuosidad para el catolicismo sería obstinarse en confundir esto con la unción. Muy significativamente, Lorca, en la edición de *Poeta*, sustituye este poema por otro de igual título, pero de tono mucho menos «franciscano».

17

MINIMIZACIÓN Y PRIMOR

La capacidad de Lorca para el arte de la minimización y el primor se hace evidente y creadora, sobre todo, en una parte —la primera— de su teatro. Se trata de un teatro en diminutivo, delicioso y femenil, donde asoman, empero, las constantes más hondas de ese alrededor espumeante: sexo y muerte.

El maleficio de la mariposa, comedia en dos actos y un prólogo, data de 1919. En el prólogo a esta comedia escribe Lorca: «La poesía que pregunta por qué se corren las estrellas es muy dañina para las almas sin abrir...» Añadiendo: «¿Y es que la Muerte se disfraza de Amor!» Incluso en obras de juego, como ésta, está presente el tragicismo lorquiano. Y su panteísmo: «¡Todo es igual en la Naturaleza!» Estamos en el ámbito de aquel poema titulado «Andanzas de un caracol aventurero». Dice un gusano en esta comedia: «Nunca comprenderemos lo desconocido.» Lorca ejercita la minimización y el primor para crear estos dibujos animados; pero sus animales parlantes no son sino una mezcla de su «franciscanismo» pagano y de las pasiones humanas, demasiado humanas, que lleva al mundo de las bestias y las plantas mínimas. Ese franciscanismo es la variante menor de su panteísmo; mas el tragicismo fundamental de su alma está actuando continuamente y le impide animalizar a los animales. Ningún artista de los que se han ocupado de dinamizar el mundo animal —fabulistas, dibujantes— ha sido nunca capaz de animalizar ese mundo. Se ha recurrido siempre a humanizarle. Esto parece lo más ingenioso y difícil; pero es, en realidad, lo único que se puede hacer. El máximo esfuerzo para entender y recrear a la bestia en sí lo encontramos en el poema «La pantera», de Rilke. Que no deja de ser, con todo, una pantera de mirada humana, ya que no, por supuesto, de reacciones humanas.

El hombre, confinado en su humanidad, no tiene otra vía de entendimiento con los animales y las cosas que una vía falsa, la de humanizar animales y cosas —una mariposa, una montaña— para, después de haberles adjudicado su propia condición humana, poder dialogar con ellos. Se trata, evidentemente, de un diálogo consigo mismo. Los seres y las cosas siguen distantes. Nadie ha pasado nunca «al otro lado de la Naturaleza», como creyó pasar Rilke en Ronda —en la pánica Andalucía—, apoyado en el tronco de un árbol. Tampoco Lorca es capaz de pasar al otro lado de la Naturaleza. Ni siquiera se lo propone. Sus bichitos comediantes están humanizados incluso en la apariencia. Si primeramente han seducido como tales bichitos a su franciscanismo laico y panteísta, en seguida les viste de personas y les infunde pasiones humanas. Les humaniza. (No otra cosa hace san Francisco, al hablar del «hermano Lobo», que humanizar al lobo para entenderle de alguna forma, aunque con más alto fin.) El resultado de esa mezcla lorquiana no es nada convincente ni sugestivo para nosotros. Sus bichitos repipis tienen la elocuencia andaluza y femenina del peor Lorca, aunque lo que va por dentro de tanta minimización y tanto primor no es sino el alma trágica del poeta: agnosticismo, erotismo superfluo, mal superfluo, muerte, panteísmo antihedonista. Tampoco falta el ingrediente nigromántico, el esoterismo, el entendimiento de la Naturaleza como misterio.

La Curianita Silva, del *Maleficio*, nos anticipa a las heroínas trágicas de Lorca: las de *Yerma*, *Bodas de sangre* y *Bernarda Alba*. Son lo femenino esencial anhelando lo masculino vital. Se produce en estas creaciones femeninas de Lorca lo que llamamos «enmascaramiento del sujeto», en contraposición al «enmascaramiento del objeto». No es Lorca el primer autor, ni mucho menos, que, para cantar al hombre desde el hombre, utiliza el enmascaramiento del sujeto o del objeto. Hay enmascaramiento del objeto en muchos de sus poemas eróticos y amorosos, que no sabemos exactamente si van dirigidos a una mujer o a un hombre, como cuando Proust escribe sobre Albertine. Hay enmascaramiento del sujeto en casi todo el teatro de Lorca, donde una mujer, dentro de la cual se ha introducido el propio poeta, canta al macho. Este tema de la mujer que pide hombre es invariable en todo el teatro de Lorca. Reiterativo. Obsesivo. En el *Maleficio* se trata de un insecto hembra con todas las características de una mujer enamorada. Esta comedia nos deja un regusto de Samaniego amargo, escéptico y erótico. Lorca es un fabulista negativo y erotómano, Lorca es el anti-Samaniego.

Los títeres de cachiporra, Tragicomedia de don Cristobita y la señá Rosita, es una «farsa guiñolesca en seis cuadros y una advertencia», donde se continúa en cierto modo la línea «fabulista». Nada más empezar la función, la señá Rosita exclama: «¡Ay, qué ganitas tengo de casarme!» Los títeres son unos dibujos animados. Animados de las mismas pasiones y angustias que los hombres. El suspiro por el macho atraviesa también toda esta pieza, aunque está exactamente respondido en el suspiro del macho por la hembra. Una jovencita canta, tocando los palillos

> *Tengo los ojos puestos*
> *en un muchacho,*
> *delgado de cintura,*
> *moreno y alto.*

Si Lorca nos ha dejado en su teatro tan valiosas figuras de mujer, no es porque las haya observado en la vida con mirada de hombre, sino porque se ha metido dentro de ellas para mirar al hombre.

Mariana Pineda la escribió Lorca cediendo a tres tentaciones: la tentación romántica, esteticista; la tentación liberal, política, y la tentación sentimental, erótica. La estampa de la Granada romántica había sugestionado siempre al romántico ortodoxo o heterodoxo que él es. El símbolo liberal tiene en *Mariana Pineda* un halo más poético que político, de acuerdo con el liberalismo del propio Lorca. Y, finalmente, está su tema dramático recurrente: la hembra suspirando por varón.

> *Ahora los ríos, sobre España,*
> *en vez de ser ríos son*
> *largas cadenas de agua,*

se dice en esta comedia. Y más adelante: «¿Qué es el hombre sin libertad?»

Lorca sueña en esta obra con...

*... una España cubierta de espigas y rebaños,
donde la gente coma su pan con alegría.*
....

*España entierra y pisa su corazón antiguo,
su herido corazón de Península andante,
y hay que salvarla pronto con manos y con dientes.*

En *La doncella, el marinero y el estudiante*, la sempiterna situación de arranque: una doncella borda y suspira por el hombre: «Yo bordo en mis ropas todo el alfabeto para que el hombre que esté conmigo me llame de la manera que guste.» Y en *Quimera* dice la «Mujer», echando de menos a su marido: «Yo, en cambio, estaré sola en la cama. Tendré frío. El tiene ojos maravillosos; pero lo que yo amo es su fuerza. ¡Ah! ¡Si me pudiera despreciar! Yo quiero que él me desprecie... y me ame. Yo quiero huir y que me alcance. Yo quiero que me queme, que me queme. Adiós, adiós... Enrique. Enrique..., te amo.» Asimismo, «la zapatera prodigiosa» se lamenta de estar casada con hombre viejo que no la colma: «Quién me hubiera dicho a mí, rubia con los ojos negros, que hay que ver el mérito que esto tiene; con este talle y estos colores tan hermosísimos, que me iba a ver casada con... Me tiraría del pelo.» Se trata de una variante de la sempiterna insatisfacción sexual que aqueja a los personajes femeninos —¿sólo a los personajes?— de Lorca.

Amor de don Perlimplín con Belisa en su jardín es subtitulado por el poeta «aleluya erótica». A poco de iniciarse la pieza, Belisa pide amor cantando al piano. Es siempre la misma situación. Y servida, en este caso, por la alusión erótica predilecta de Lorca: los muslos:

Amor, amor.
Entre mis muslos cerrados
nada como un pez el sol.

Al igual que en *Los títeres*, Lorca recurre en esta pieza al viejo conflicto dramático de la casada por interés, en tanto que su corazón y su cuerpo llaman a otro. Lo que manda en esta obra, como en todas las del poeta, es la fuerte pasión femenina. La fuerte pasión de Belisa, una poliandria que, a efectos del argumento, se reducirá luego a monoandria. Don Perlimplín, en cambio, no experimenta ningún deseo sexual. Es llevado al matrimonio. Dice Belisa: «¡Ay! El que me busque con ardor me encontrará. Mi sed no se apaga nunca.» Y luego se regocija de descubrir que sus rondadores son nada menos que cinco. *Don Perlimplín* es la comedia del adulterio quíntuple. En el crescendo dramático de la obra, Lorca escribe, de pronto, unas palabras que nos dan la clave —si no la tuviéramos ya— de su erotismo oscuro y trágico: «...esta oscura pesadilla de tu cuerpo grandioso... ¡Tu cuerpo!..., ¡¡¡que nunca podría descifrar!!!» El poeta le ha puesto tres admiraciones —única vez que utiliza la triple admiración, tan excesiva, en toda su obra— a la frase crucial, al grito último de su sexualidad: «¡¡¡Que nunca podría descifrar!!!» La sugestión del cuerpo humano, su belleza, cargada de erotismo superfluo, es, por esto mismo, por superflua y excesiva, por gratuita, indescifrable. (Y no será necesario explicar, espero, que ese erotismo y esa superfluidad no están en el cuerpo mismo, sino en el ojo que lo contempla; lo cual, por supuesto, no desmiente, sino que da su verdadera dimensión a nuestra teoría del erotismo superfluo.) Lo indescifrable de la belleza y el sexo obsesiona a Lorca a lo largo de su vida y su obra.

En el *Retablillo de Don Cristóbal,* el Director le dice al Poeta: «¿Quién es usted para terminar con esta ley de maldad?» Y se entabla entre ambos este diálogo:

POETA. —Respetable público: como poeta tengo que deciros que don Cristóbal es malo.
DIRECTOR. —Y no puede ser bueno.
POETA. —Y no puede ser bueno.
DIRECTOR. —Vamos, siga.
POETA. —Ya voy, señor director. Y nunca podrá ser bueno.
DIRECTOR. —Muy bien. ¿Cuánto le debo?
POETA. —Cinco monedas.

Por cinco monedas el poeta se vende y dice al público lo que los directores dueños del dinero quieren que se le diga. Todo el problema moderno de la prostitución y politización —viene a ser lo mismo— del intelectual está grácilmente insinuado aquí. Rosita se suma al numeroso censo de las eróticas heroínas lorquianas. Rosita también vive en celo continuo. Esta Rosita es una Yerma de cachiporra. En sus creaciones de minimización y primor, como en los dramas de su tragicismo, Lorca repite siempre el monotemático y sostenido suspiro por el hombre. Dice Rosita:

> *Con el vito, vito, vito,*
> *con el vito que me muero,*
> *cada hora, niño mío,*
> *estoy más metida en fuego.*
> ....
> *pero yo quisiera estar:*
> *en el diván*

> *con Juan,*
> *en el colchón*
> *con Ramón,*
> *en el canapé*
> *con José,*
> *en la silla*
> *con Medinilla,*
> *en el suelo*
> *con el que yo quiero,*
> *pegada al muro*
> *con el lindo Arturo,*
> *y en la gran «chaise-longue»*
> *con Juan, con José, con Medinilla,*
> *con Arturo y con Ramón.*
> *¡Ay!, ¡ay!, ¡ay!, ¡ay!*
> *Yo me quiero casar, ¿me han oído?*
> *Yo me quiero casar*
> *con un mocito,*
> *con un militar,*
> *con un arzobispo,*
> *con un general,*
> *con un macanudo*
> *de macanear*
> *y veinte mocitos*
> *de Portugal.*

Otra vez el tema de la poliandria, exacerbación sexual que corresponde, sin duda, a alguna otra exacerbación del escritor, del hombre, aunque todo quede aquí envuelto en el delicioso juego minimizante. Luego, hay una insinuación de bestialismo sexual, que se trueca inesperadamente en burla antimilitarista. Dice Rosita:

*Me quiero casar
con un becerro nonato,
con un caimán,
con un borriquito,
con un general,
que para el caso
lo mismo me da.*

Imposible discernir si ese «lo mismo me da» iguala al general con los irracionales en irracionalidad o es ya una descarada proclama de pansexualismo que abarca incluso a las bestias, y lo que Rosita quiere decir es «que para el caso» —para el caso sexual— lo mismo le da un macho animal que humano. De cualquier modo, veamos que los juegos lorquianos de minimización y primor no son sino una puesta en diminutivo —y no sólo por el empleo gramatical, tan reiterado, de éste— de sus conflictos más graves, los que engendran su tragicismo radical y dan lugar a su dramatismo teatral y lírico. Esta farsa de guiñol tiene muchas afinidades, y muy concretas, con otras pequeñas piezas de Lorca. La poliandria, y más exactamente el plural adulterio femenino, es tema casi recurrente en él. Ya hemos insinuado a qué puede responder esto.

Con el *Retablillo* se cierra el ciclo teatral lorquiano de minimización y primor. Sin descontar la proclividad del poeta al juego escénico y verbal, a todo clase de juegos, tampoco podemos ignorar todo el ingente material y sentimiento dramático, oscuro, trágico, vivido y viviente, que se minimiza y primoriza, que se disfraza en esta clase de teatro. Lorca, cuando juega —y sobre todo cuando juega—, también se nos descubre.

18

TRAGICISMO

Ya hemos dicho que toda la dramaturgia de Lorca no es otra cosa que la puesta en marcha de su radical y personal tragicismo interior.

Así que pasen cinco años, «leyenda del tiempo en tres actos y cinco cuadros», data de 1931, y puede decirse que abre el ciclo dramático del autor. En el acto segundo encontramos una situación que nos es ya familiar en Lorca. La Novia traiciona al Joven, en el día de su boda, con un jugador de rugby. El Jugador es pura masculinidad bruta. Entra por la ventana, como tantos otros seductores del teatro lorquiano y del teatro en general. La Novia le habla así: «Hoy me has besado de una manera distinta. Siempre cambias, amor mío. Ayer no te vi, ¿sabes?» Los mismos temas pasan, así, en Lorca, de su teatro de primor a su teatro trágico. Incluso volvemos a encontrar un amago de bestialismo femenino cuando la Novia prosigue: «Pero estuve viendo al caballo. Era hermoso. Blanco y con los cascos dorados entre el heno de los pesebres. Pero tú eres más hermoso. Porque eres como un dragón. Creo que me vas a quebrar entre tus brazos... Dragón, dragón mío. ¿Cuántos corazones tienes? Hay en tu pecho como un torrente donde yo me voy a ahogar. Me voy a ahogar.» Más adelante, el Maniquí femenino, con ropa de novia, canta:

> *Y mi camisa pregunta*
> *dónde están las manos tibias*
> *que oprimen en la cintura.*
>
> ....
>
> *Pudiste ser para mí*
> *potro de plomo y espuma,*
> *el aire roto en el freno*
> *y el mar atado en la grupa.*
> *Pudiste ser un relincho...*
>
> ....
>
> *¿Por qué no viniste antes?*
> *Ella esperaba desnuda.*

Este Maniquí vestido de novia es de pronto una anticipación de Yerma:

> *Las fuentes de leche blanca*
> *mojan mis sedas de angustia*
> *y un dolor blanco de abeja*
> *cubre de rayos mi nuca.*
> *Mi hijo. Quiero a mi hijo.*
> *Por mi falta lo dibujan*
> *estas cintas que me estallan*
> *de alegría en la cintura.*

En el acto tercero, una Muchacha canta:

> *Mi amante me aguarda*
> *en el fondo del mar.*

Y la Mecanógrafa dice: «¡Qué hermoso es esperar con seguridad el momento de ser amada!» Y luego, en verso:

> *¿Cómo si me abrazas, di,*
> *no nacen juncos y lirios,*
> *y no destiñen tus brazos*
> *el color de mi vestido?*

Y otra vez en prosa: «Sí te quiero, pero mucho más. No tienes tú ojos para verme desnuda, ni boca para besar mi cuerpo que nunca se acaba.» Aunque, como se dice en el subtítulo, el tema de esta obra es el tiempo —tema poco frecuente en Lorca, más distendido por el conflicto entre la realidad y el sueño—, hay en ella un alrededor erótico que coincide, como vemos, con la monotemática sexual de Lorca: la mujer pidiendo hombre. Y, más concretamente, masculinidad pura, virilidad bruta. Si en la poesía de Lorca se recurre, por lo que la lírica tiene de confesional, al enmascaramiento del objeto —del objeto erótico—, ya que al poeta no le es posible enmascararse, el teatro, por el contrario, requiere y favorece el enmascaramiento del sujeto, pues es precisamente el autor quien no debe aparecer nunca, a no ser guareciéndose en uno de sus personajes. En todo el teatro de Lorca hay un enmascaramiento del sujeto. Un entrecruce de mujeres en celo puebla su escenario. Y en su grito sexual adivinamos siempre al poeta, que se ha complacido en trocar los papeles expresándose a sí mismo a través del otro sexo, no sabemos por qué ni hasta qué punto.

En *El público* (escenas de un drama en cinco actos), apenas hay ya enmascaramiento, por el contrario, o el enmascaramiento es total. Dialoga la Figura de Cascabel y la Figura de Pámpano. Esta última dice: «Si tú te convirtieras en pez luna, yo te abriría con un cuchillo, porque soy un hombre, más hombre que Adán, y quiero que tú seas aún más hombre que yo.» Responde más adelante la Figura de Cascabel: «Llévame al baño y ahógame. Será la única manera de que puedas verme desnudo.» Todo el diálogo de las dos Figuras es un juego equívoco, entre sexual y sádico, entre perverso y masoquista, en el que abundan los símbolos eróticos freudianos del pez y el puñal, con su clara alusión fálica. Como contraposición a estos dos seres de erotismo superfluo, el Centurión encarna el erotismo sexual, vegetativo, reproductor: «¡Malditos seáis todos los de vuestra casta!», les increpa. «Mi mujer es hermosa como una montaña. Pare por cuatro o cinco a la vez y nunca al mediodía debajo de los árboles. Yo tengo doscientos hijos. Y tendré todavía muchos más. ¡Maldita sea vuestra casta! *(Escupe y canta)*.» En el cuadro quinto hay un Desnudo que habla sacrílegamente con palabras de la Pasión de Cristo: «Padre mío, aparta de mí este cáliz de amargura.» Y volvemos a encontrar el favorito tema lorquiano del pluriadulterio femenino, tras el que puede haber un desprestigio de la mujer o una exacerbación sexual enmascarada. También aquí el adulterio se agrava con trasuntos de bestialismo:

ESTUDIANTE 4.° — La primera bomba de la revolución barrió la cabeza del profesor de Retórica.
ESTUDIANTE 2.° — Con gran alegría para su mujer, que ahora trabajará tanto que tendrá que ponerse dos grifos en las tetas.
ESTUDIANTE 3.° — Dicen que por las noches subía un caballo con ella a la terraza.

Más adelante el Estudiante 2.° formula inesperadamente una sentencia que resume todo el panteísmo «maldito» de Lorca, su adhesión a la naturaleza negativa: «Lo que pasa es que se sabe lo que alimenta un grano de trigo y se ignora lo que alimenta un hongo.» El poeta nos da aquí bellamente su fórmula vital. El trigo representa la naturaleza armónica, benéfica, nutricia. Es un símbolo secular de vida y fecundidad. Pero ¿qué sabemos de la fuerza, de la energía secreta que se esconde en el hongo, símbolo tantas veces de la inútil proliferación de la naturaleza peor?

A medida que avanza la comedia —de directa y bien aprovechada influencia surrealista—, se acentúa el equívoco sexual: «Romeo era un hombre de treinta años y Julieta un muchacho de quince», «...indudablemente, se amaban con un amor incalculable, aunque yo no lo justifique», «...no me queda tiempo para pensar si es hombre o mujer o niño, sino para ver que me gusta con un alegrísimo deseo».

Con *Bodas de sangre* se inicia la magna trilogía trágica de García Lorca. La obra data de 1933. El poeta tenía otros proyectos teatrales, planes muy ambiciosos, pero lo que nos ha quedado de todo ello, como culminación y corolario, son tres tragedias rurales que responden exactamente al concepto académico de tales: tragedia es lo que empieza bien y acaba mal; comedia es lo que empieza mal y acaba bien. En la primera escena de *Bodas* nace ya el canto al hombre, a la hermosura viril, en labios de la Madre: «Un hombre hermoso, con su flor en la boca...» Estas palabras del personaje nos anticipan ya todo el perfume de recia sugestión varonil, sexual y dramática, que emana lo que vamos a ser, lo que vamos a leer. Añade la Madre: «Primero, tu padre, que me olía a clavel y lo disfruté tres años escasos.» (Difícilmente encontraremos en la dramaturgia lorquiana tan acertadas e insistentes metáforas e imágenes sobre la belleza femenina.) Más adelante, el mismo personaje, la Madre: «Tu abuelo dejó a un hijo en cada esquina. Eso me gusta. Los hombres, hombres; el trigo, trigo.» El canto a la fecundidad del hombre, el ansia de maternidad, resuena en esta madre vieja como repetición y eco de voces más inmediatas: las que luego oiremos directamente en otra obra, *Yerma*. Dice la Madre: «Sí, sí; y a ver si me alegras con seis nietos, o los que te dé la gana, ya que tu padre no tuvo lugar de hacérmelos a mí.» En el cuadro segundo, las nanas entonadas por Suegra y Mujer nos dan el paisaje, la naturaleza trágica, que es la que siempre ha sentido y entrevisto Lorca en su panteísmo angustiado. Esta naturaleza va a servir de fondo al drama. Las nanas son trasunto de las recogidas por el poeta directamente, a través de toda España, de las madres del pueblo:

El agua era negra
dentro de las ramas.

Bodas tiene todas las características de un drama rural, prodigiosamente cuadrado y dialogado. En él se plantea el conflicto recurrente del casamiento por interés contra el tirón del sexo. Pero la médula de la obra es la llamada al hombre, y el ámbito donde resuena esta llamada, una naturaleza trágica. Otras voces femeninas acompañan a la voz protagonista en su gemido sexual, a modo de coro. Dice la Criada: «¡Dichosa tú que vas a abrazar a un hombre, que lo vas a besar, que vas a sentir su peso!» El Mal, que gravita sobre los tres actos del drama, alcanza una dimensión shakesperiana en estas palabras de Leonardo: «...y cada vez que pienso sale una culpa nueva que se come a la otra; pero ¡siempre hay culpa!» Lo insondable del Mal en el alma humana queda aquí dicho con sobria elocuencia. ¿Fatalismo? ¿Determinismo? No hay fatalismo en Lorca, porque el Mal, para él, no viene de fuera, como en el teatro griego, sino que está en el hombre. No hay determinismo en el sentido de que el hombre esté alienado por el Mal, sino que el hombre es absolutamente libre, y el Mal, precisamente, es la libertad. La absoluta libertad que otorga al hombre el ser consciente de sí mismo es ya Mal en sí, pues esa conciencia y esa libertad son contra natura, actúan siempre corrigiendo y contrariando la Naturaleza; es la única forma que tiene el hombre de afirmar su independencia, de afirmarse a sí mismo. Los personajes de Lorca viven alienados exteriormente por prejuicios, tradiciones, usos, costumbres, miedos, pasiones. Pero siempre hay un protagonista, una protagonista, encarnación sexual de la libertad, que se rebela poderosamente, trágicamente. No hay alienación esencial. Y el que esa rebelión termine en todos los casos trágicamente no niega la libertad, sino que identifica, como habíamos dicho, la libertad con el Mal. Pero el Mal no es para Lorca el Mal, porque sólo en el Mal se es libre. La única alienación esencial es el Bien. Todo esto queda claramente ilustrado en las tres tragedias de Lorca, que por eso son tales tragedias en un sentido profundo: porque exaltan poderosamente la libertad para luego identificarla con el Mal. Hemos dicho que es tragedia lo que acaba mal. Las tragedias de Lorca acaban en el Mal. ¿Hay mucho despropósito en llamar a un poeta de esta naturaleza «maldito»?

El Bien es volitivo: alienante. El Mal es espontáneo: liberante. Se es libre cuando se ha tomado conciencia de la gratuidad de todo, del mundo y de uno mismo. La libertad y el Mal coinciden en la gratuidad. La libertad es superflua, como el Mal, pues el hombre, para realizarse en función de la especie, no necesita la libertad, sino, por el contrario, el alienamiento del Bien. (Y llamamos Bien, a falta de otro punto de referencia, a lo que se aviene con las exigencias naturales y genéricas de la especie.) Pero la libertad no sólo es superflua a la especie, sino que, además, lleva al hombre a realizarse en función de sí mismo, y no en función de la especie. La libertad individualizada, aísla, egocentriza. La libertad, en este sentido, es demoníaca. Ya dijo el filósofo que «ser diferente es un pecado». La libertad es el Mal. (Un mal mucho más actuante y vivificador que el Bien, pues sólo en él el individuo se realiza en sí mismo, se salva en sí mismo, se sublima por encima de la especie. El Mal es el Bien. Pero *otro* Bien.)

Veamos cómo los héroes de Lorca, al elegir la libertad, eligen indefectiblemente el Mal. Lo que les salva en función de sí mismos y les condena en función de la especie o, más directamente, de la sociedad. En el segundo acto de *Bodas* vuelven los requiebros al macho, en boca de la Criada: «Porque el novio es un palomo / con todo el pecho de brasa.» Y la Madre: «Mi hijo la cubrirá bien. Es de buena simiente. Su padre pudo haber tenido conmigo muchos hijos.» Y otra vez la Criada: «¡Qué familia la tuya! ¡Machos entre los machos! Siendo niña vi la boda de tu abuelo. ¡Qué figura! Parecía como si se casara un monte.» Y otra vez la Madre: «Que ella no pueda disgustarse, pero que sienta que tú eres el macho, el amo, el que mandas.» E incluso la Muerte, en figuración de la Mendiga: «Hermoso galán. Pero mucho más hermoso si estuviera dormido. ¡Qué espaldas más anchas!»

Y luego, la Novia, que ha huido con su amante en el día de la boda (tema recurrente en Lorca):

> *Y yo dormiré a tus pies*
> *para guardar lo que sueñas.*
> *Desnuda, mirando el campo,*
> *como si fuera una perra,*
> *¡porque eso soy! Que te miro*
> *y tu hermosura me quema.*

Para añadir, cuando el amante y el Novio se han dado muerte mutuamente: «... pero el otro era un río oscuro, lleno de ramas, que acercaba a mí el rumor de sus juncos y su cantar entre dientes... ¡y me hubiera arrastrado siempre, siempre, siempre!». Esta Novia trágica es una encarnación casi shakesperiana de la libertad. Ella elige la libertad de su cuerpo, pero la libertad es el Mal, y cuando retorna, maldita ya, ante las madres y las mujeres terribles de dos hombres que han muerto por ella, contra sus protestas de pureza se alza su propio grito, el grito de la libertad potenciada por el Mal: «¡Y me hubiera arrastrado siempre, siempre, siempre!»

Yerma es el segundo «poema trágico» de la gran trilogía lorquiana de la libertad. Fue escrita en 1934. El ansia profunda de hombre se confunde aquí con el ansia de maternidad, que llega a hacerse fundamental *argumentalmente*. Y subrayamos esta palabra porque creemos —contra lo que se viene entendiendo de *Yerma*— que el tema de la esterilidad es sólo un gran recurso argumental para Lorca. Yerma es un ser torturado por la esterilidad. Un ser camino del mal. Ella misma lo dice casi al comienzo de la obra, como inadvertidamente: «Si sigo así, acabaré volviéndome mala.» Efectivamente, acabará matando a su marido. Nadie ha dudado nunca de que *Yerma* fuese otra cosa que el gran drama de la esterilidad. Y eso es, sin duda, argumentalmente. Pero ¿hemos probado a sustituir la esterilidad de Yerma por otra desgracia, por otra maldición? ¿No tiene Yerma algo de apestada, de maldita? Si otros personajes de Lorca nos recuerdan a Shakespeare, Yerma, sin que sepamos exactamente por qué, nos resulta dostoievskiana. Yerma frígida, incapaz para el goce sexual; Yerma fea, sin hombre; Yerma enferma; Yerma cargada de lujuria, de erotismo superfluo (es decir, todo lo contrario de lo que Yerma es: mera sexualidad vegetativa)... Cuántas Yermas podemos imaginar. Y todas serían Yerma. Porque lo que define y condiciona a esta mujer no es la esterilidad, sino su condición de criatura al margen. Hay una maldición —digámoslo de alguna forma— que la ha puesto fuera del curso natural de la vida, fuera del ciclo vegetativo. La naturaleza no conoce ni reconoce otras bellezas que las de lo funcional, y Yerma es una belleza que no funciona, un ser superfluo. La superfluidad de su cuerpo, de su belleza, de su vida, atormenta a Yerma. Venimos estudiando en este libro la superfluidad en relación con el mal. Hemos hablado del erotismo superfluo. Yerma es la máxima representación de ese erotismo que no da fruto. Si hay un erotismo superfluo que excede de las necesidades de la criatura y de la especie, he aquí que en Yerma encontramos una forma aún más inexplicable de superfluidad: el erotismo que ni siquiera cumple esas necesidades. Yerma podría, igualmente, haber sido lesbiana. El drama no cambiaría demasiado, ni siquiera en su estructura mecánica. Yerma es la libido frustrada, como es frustrada la libido de los invertidos de ambos sexos o la libido insaciable. (Y por aquí empezaríamos a identificar a la criatura con su creador, aquí podría llevarnos el personaje a la busca de su autor.) Quiere decirse que, en primer lugar, el conflicto sexual de Yerma es, ante todo, eso, conflicto sexual, y la modalidad que ese conflicto adopte resulta secundaria: esterilidad, frigidez, inversión... Lorca ha elegido la esterilidad, y por esto decimos que la esterilidad es fundamental en *Yerma* sólo argumentalmente. Lorca ha escrito una vez más la tragedia de la libido frustrada, tema casi único y excluyente en toda su obra. El tema le afecta de modo muy directo, como a todo hombre que haya vivido profundamente su propia libido. (La sexualidad superflua, precisamente por superflua, está destinada —no diremos condenada— a frustrarse una y otra vez.)

Así pues, queda sentado que sólo formalmente es *Yerma* la tragedia de la esterilidad. Fundamentalmente, es la tragedia de la libido frustrada. Pero aún hay más. Algo que ya hemos apuntado y que quizá al propio Federico le pasó inadvertido, como al genio le pasan inadvertidas tantas veces sus genialidades. A saber: que el tema de la libido frustrada también es accidental, argumental, necesario dramáticamente, teatralmente. Pero sólo eso. Hemos dicho que Yerma es estéril como podía ser apestada, o monstruosa. Yerma es la araña kafkiana. Yerma es el ser al margen de la naturaleza; esos seres al margen que la propia naturaleza se complace ciegamente en crear. Todo en el cosmos vive dentro de unas leyes, de una economía (aunque esas leyes sean gratuitas), pero de pronto se produce el ser marginal, liminar, innecesario, gratuito, no ya en última instancia, como todos, sino en primera instancia. De pronto se produce Yerma.

Ese ser experimentará, primero, la angustia de su gratuidad, de su inadaptación, y luego, la angustia de su libertad. Eso que Kierkegaard ha llamado «el vértigo de la libertad». Como no está dentro de la economía vegetativa, ese ser es superfluo, pero al ser superfluo es libre. Libertad y superfluidad le llevarán ineluctablemente al mal, puesto que desde su origen ha sido desarraigado del bien. Angustia de la gratuidad, angustia de la libertad, angustia del mal. Estas tres etapas sucesivas se cumplen rigurosamente en los tres actos de *Yerma*. Se corresponden —actos de la obra y estados de la protagonista— casi matemáticamente, de modo que la tragedia desarrolla y cumple su argumento ceñido en todo momento al proceso psicológico y espiritual de la protagonista. Por eso es *Yerma* una obra *metafísicamente* perfecta. (Y poco nos importa aquí y ahora que lo sea o no técnicamente.)

En el primer acto, que venimos estudiando, Yerma no expresa sino la angustia de la gratuidad:

¿Cuándo, mi niño, vas a venir?

Más adelante, Yerma conversa con una vieja que resume, aun con sus años, toda la alegre pluralidad de la vida y del sexo. La sed de hombre y el gozo de ser hembra, y hembra fecunda. Pero Yerma se niega al goce por el goce, atormentada como está por la gratuidad: «Yo me entregué a mi marido por él (por el hijo), y me sigo entregando para ver si llega, pero nunca por divertirme», le replica a la vieja. Y añade, apuntando ya la angustia del mal que luego madurará en ella: «No, vacía, no, porque me estoy llenando de odio.» Y vuelve a repudiar el erotismo superfluo, angustiada de su gratuidad: «¿Es preciso buscar en el hombre al hombre nada más?» En este mismo diálogo —trascendental en sí mismo y en el desarrollo de la obra, logradísimo—, la vieja empieza a insinuar en el alma de Yerma la angustia de la libertad, la segunda angustia: «Dios, no. A mí no me ha gustado nunca Dios. ¿Cuándo os vais a dar cuenta de que no existe? Son los hombres los que tienen que amparar.» El hombre abandonado a sí mismo. Menesteroso, pero libre. A partir de estas palabras de la vieja empezará a germinar en Yerma la angustia de la libertad.

Pero la sed de hombre vive también en el personaje, como en todas las heroínas de Lorca. Es algo que de algún modo potencia y humaniza a Yerma, esta «virgen» de las tres angustias:

> *¿Por qué duermes solo, pastor?*
> *En mi colcha de lana*
> *dormirás mejor.*

Hacia el final de este primer acto, Yerma expresa definitiva y lacónicamente, dramáticamente, la angustia de la gratuidad, la angustia de no sentirse integrada en el orden de la naturaleza: «¡Ojalá fuera yo una mujer!»

En el comienzo del segundo acto se inicia el ciclo correspondiente: la angustia de la libertad. Yerma empieza a sentirse libre por superflua. Experimenta «el vértigo de la libertad» y hace cosas raras que rompen la rutina hogareña, que la liberan del sometimiento de las horas y las costumbres. Las lavanderas nos informan: «Anteanoche, ella la pasó sentada en el tranco, a pesar del frío.» Y se insinúa la huida hacia otro hombre, Víctor, hacia la libertad. Dice una de las lavanderas: «Pero ¿vosotras la habéis visto con otro?» El adulterio, el adulterio mental —mucho más grave que el otro, como decía Nietzsche—, queda sugerido con la imagen erótica obsesiva en Lorca: los muslos: «No es lo mismo una mujer mirando unas rosas que una mujer mirando los muslos de un hombre.» El coro de lavanderas rubrica este clima de adulterio con su exaltación sexual: «Hay que gemir en la sábana.» El cuadro siguiente de este segundo acto se inicia con una prolongada y misteriosa ausencia de Yerma. Ésta ha entrado en el peligroso mundo de la libertad. Está empezando a pisar en él con pie dudoso. Cuando Juan, el marido, le dice a Yerma que cada hombre tiene su vida, ella afirma ya su independencia, su libertad, replicando: «Y cada mujer la suya.» En este mismo diálogo, Juan le dice a Yerma, con su rusticidad de hombre silvestre, una verdad que es toda la verdad estremecedora de la protagonista, ser aparte que, como hemos aventurado, tiene algo de monstruo kafkiano: «Lo que pasa es que no eres una mujer verdadera.» Y ella replica, en el entrecruce de la gratuidad, la libertad y el mal, perdida ya de sí misma: «No sé quién soy. Déjame andar y desahogarme.» En el diálogo siguiente, con María, Yerma descubre el proceso de desdoblamiento que se está operando en ella. El desdoblamiento de personalidad que se origina por una vivencia profunda y angustiosa y que lleva de la alucinación al mal: «Acabaré creyendo que yo misma soy mi hijo...», «...mis pasos me suenan a pasos de hombre». La conciencia y la angustia de la libertad, su vértigo arrollador, crecen ya en el pecho de Yerma cuando dice: «Pero ellos no saben que yo, si quiero, puedo ser agua de arroyo que las lleve.» Es la libertad camino del mal. Luego, Yerma le expresa a Víctor su secreto sentimiento de la libertad. Es ya una criatura desarraigada: «Yo me iría muy lejos.» Y en seguida: «La tierra es grande.» Al final de este segundo acto, Víctor, el macho mítico e imposible, se va del pueblo. Yerma sale en busca de la hechicera. Cumplido el segundo ciclo —angustia de la libertad—, va a iniciarse el tercero —angustia del mal— con la entrega al esoterismo, a las fuerzas oscuras.

El acto tercero comienza en casa de la Dolores, la conjuradora. Dolores confunde turbiamente la religión del mal con la religión del bien. No tiene reparo en invocar a Dios entre sus hechizos y conjuros: «Dios es Dios», dice. Tras los nocturnos ritos del cementerio, Yerma, entregada sin saberlo a una fe maligna, con toda su esperanza y su angustia puesta en el mal, vuelve a experimentar la angustia de la gratuidad: «...y los hombres que andan por la calle y los toros y las piedras me parecen como cosas de algodón. Y me pregunto: ¿para qué estarán ahí puestos?». Asimismo, vuelve la angustia de la libertad: «Y pienso que tengo sed y no tengo libertad.» Si Yerma piensa que no tiene libertad, es precisamente porque ha tomado conciencia de la libertad total. Pero se impone la angustia del mal, la llamada del mal. Las viejas le dicen a Yerma que su marido es bueno. Y ella replica: «¡Es bueno! ¿Y qué? Ojalá fuera malo.» Para añadir: «...yo, que siempre he tenido asco de las mujeres calientes, quisiera ser en aquel instante como una montaña de fuego». Termina repudiando a su marido: «No lo quiero, no lo quiero.» El odio, el mal, están ya en ella. Luego, en el encuentro dramático con Juan, el marido, Yerma comprende que es un ser para el mal: «Cuando salía por mis claveles me tropecé con el muro. ¡Ay! ¡Ay! Es en ese muro donde tengo que estrellar mi cabeza.» El mal jura ya por su boca: «¡Maldito sea mi padre, que me dejó su sangre de padre de cien hijos! ¡Maldita sea mi madre, que los busca golpeando por las paredes!» En seguida pide: «Dejadme libre siquiera la voz, ahora que voy entrando en lo más oscuro del pozo.» Yerma es ya una posesa. Aún rubrica sus juramentos con éste: «¡Maldito sea el cuerpo!»

El cuadro segundo nos sitúa en una romería que, por la ambientación y los diálogos, es más siniestra que devota. Si Yerma acudió a la conjuradora con un resto de fe religiosa adherido a su fe malsana, ahora acude a la romería con un poso de superstición en el fondo de su maltrecha religiosidad. Esta romería tiene algo de conjuro inverso, como la visita a la conjuradora tenía algo de romería inversa. María nos anuncia de Yerma: «Tiene una idea que no sé cuál es, pero desde luego es una idea mala.»

El panteísmo maldito de Lorca se encarna en las máscaras táuricas que acuden a la romería, y de las que él mismo dice en una acotación que tienen un «sentido de pura tierra». Gritan los niños en la romería: «¡El demonio y su mujer! ¡El demonio y su mujer!» Ni Lorca ni Yerma están invocando en este pasaje al Dios cristiano, sino a dioses mucho más oscuros. Un fuerte erotismo rubrica esta impresión y priva de cualquier sentido devoto a la romería. Yerma dice que sobre ella ha caído «una maldición, un charco de veneno sobre las espigas». Al final del cuadro y de la obra, Yerma ahoga a su marido. Se ha cumplido en ella el ciclo trágico. La angustia del mal no aleja de él, sino que, como dice Kierkegaard —que al mal lo llama «culpa»—, es ya mal en sí e induce a ser realizado, necesita realizarse. El mal, en Yerma, pide realizarse. Yerma mata a su marido. De la gratuidad al mal, pasando por la libertad, el proceso se ha consumado. Lorca dibuja en esta obra —no sabemos si conscientemente— una de las más profundas evoluciones psicológicas del mal en la criatura humana.

Doña Rosita la soltera o el lenguaje de las flores, «poema granadino del novecientos», dividido en varios jardines, con escenas de canto y baile, es obra escrita por el poeta en 1935. Pese a su apariencia de primor, está más cerca de la trilogía trágica que del teatro menor de Lorca. *Doña Rosita* es también un drama del tiempo, como *Así que pasen cinco años*. Las dos obras vienen a descubrirnos la añagaza del tiempo, que siempre nos invita a esperar, en tanto que va pasando y pasando. El «Hay mucho tiempo por delante», tan andaluz, es un lamentable engaño con que se deja pasar la vida. Pensemos que, años atrás, también dijimos alguna vez, o muchas, que había mucho tiempo por delante, y ese tiempo que había por delante es ya éste, el que estamos viviendo, el que deberíamos vivir en lugar de ponernos nuevos e inexplicables plazos con otro suspiro hacia el futuro: «Hay mucho tiempo por delante.» Lorca, andaluz existencial, andaluz en presente, andaluz activo antes que andaluz contemplativo, siente el apremio del tiempo, las urgencias de la vida, porque tiene en sí la conciencia acuciante de la muerte. Doña Rosita pierde su tiempo como lo pierde el protagonista de *Así que pasen cinco años*. Sólo que en esta obra se juega con un tiempo abstracto, simbólico, metafísico, y lo que discurre en *Doña Rosita* es el tiempo real, histórico, cronometrable. El suspiro por el hombre, la idealización femenina del varón cruza toda la obra, por supuesto. Doña Rosita es, como todas las heroínas de Lorca, un puro anhelo de masculinidad. Un largo quejido sexual. El quejido, aquí, es delicado, y no dramático o pornográfico, como en otros personajes, pero estamos una vez más en el monotema de Lorca. Dice doña Rosita de su primo:

Dos ojos
que ponen blanca a la sombra,
cuyas pestañas son parras
donde se duerme la aurora.

Un tema lateral de la obra —aparte de la ironía crítica de la vida provinciana española— es nada menos que el social, que se plantea con inusitada virulencia en el tercer acto. Como resumen de un estado de cosas injusto y caótico, el Ama maldice: «¡Malditos, malditos sean los ricos! ¡No quede de ellos ni las uñas de las manos!» La versión que Lorca nos da en esta pieza de la buena sociedad granadina no autoriza precisamente a seguir llamándole «señorito andaluz. Así pues, el tema social —injusticias, prejuicios, alienamientos— tratado irónicamente, y el tema del tiempo, tratado elegíacamente, fundamentan esta obra. Pero su espina esencial es la llamada al hombre, llamada melancólica aquí, y no dramática, como suele en Lorca. Doña Rosita se incorpora así al friso de heroínas lorquianas sacrificadas al macho mitificado.

Esta mitificación del macho es progresiva en la obra de García Lorca, hasta llegar a Pepe el Romano, de *La casa de Bernarda Alba*, pivote humano de toda la tragedia, tan interno a ella que ya ni siquiera se le ve; no aparece nunca en escena, el espectador no llega a conocerlo jamás, aunque hay una maraña de mujeres que por él mueren y matan. La ausencia del hombre en *Bernarda Alba* es el máximo recurso para su mitificación. Lo aureola mejor que cualquier presencia. El ideal sexual de la mujer se ha hecho tan ideal que ya no está, no se le ve. La sexualidad femenina queda así sublimada. Dice Rilke que el único gran amor posible es el amor frustrado. El amor, al fracasar humanamente, puede convertirse en amor divino, sobrenatural, místico y mítico. Pero no es a esa sublimación en el bien adonde nos lleva Lorca con su tragedia, sino a la sublimación en el mal. Observemos cómo la sublimación en el mal es progresiva en su gran trilogía trágica. La trilogía de la libertad y del mal: la Novia de *Bodas* es ocasión de que dos hombres se maten; Yerma mata, ya, ella misma; la protagonista de *Bernarda Alba* se mata a sí misma, se suicida. El acto límite de la libertad como mal es matar, pero sobre todo, matarse. Si libertad es disponer de la propia vida, disponer de la propia muerte es saltar más allá de la libertad: algo absolutamente desconcertante, fuera de todos los repertorios vitales y psicológicos. Sólo en este sentido profundo puede y debe decirse que el suicidio es contra natura. El suicidio —salto más allá de la propia libertad personal, salto por encima de la propia sombra existencial— es nuestra única posibilidad de realizar lo imposible. Si entendemos por demoníaco lo que está completamente al margen del repertorio vital —*al margen* y no *contra ello*, que sería estar *con ello*—, tenemos que el suicidio es el límite de lo demoníaco, lo demoníaco límite.

De este modo se consuma el Mal en la obra cumbre de Federico García Lorca, obra que reanuda y cierra su gran trilogía trágica. Como si la palabra Mal, con su eme mayúscula, hubiera sido la última palabra escrita por el poeta, clausurando su creación.

Bernarda Alba, «drama de mujeres en los pueblos de España», está escrita, efectivamente, en 1936, año de la muerte del autor. En su estructura externa, lo que presenta la obra es un problema de castas, problema tradicional en España, y sobre todo en el Sur. Dice Bernarda en su primera aparición en escena: «Los pobres son como los animales; parece como si estuvieran hechos de otras sustancias.» Los husmos del macho, perseguidos por la hembra hambrienta, impregnan intensamente la obra. Son el clima y la motivación sempiterna de Lorca (y ya hemos insistido suficientemente en los posibles significados de esto). Dice la propia Bernarda: «Volver la cabeza es buscar el calor de la pana.» Hay en toda la obra una atmósfera de pequeño infierno cerrado, de nido de víboras donde unos seres se destrozan contra otros. En el hogar de Bernarda Alba vive el mal. Magdalena, una de las hijas, da la consigna para empezar la lucha a muerte, en el comienzo de la obra: «Malditas sean las mujeres», dice. Toda la pieza tiene una cierta semejanza con *A puerta cerrada*, de Sartre. La avilantez de la condición humana, potenciada por la reclusión, alcanza las mismas categorías que en el filósofo existencialista. Lorca podría haberse adelantado a Sartre en muchos años —y de hecho se adelanta— en la conclusión de que «el infierno son los otros». Sólo le ha faltado formular la sentencia expresamente.

La angustia de la gratuidad y la angustia de la libertad están también en las hijas de Bernarda Alba. Todas sienten el peso de sus vidas inútiles y a veces lo expresan. La angustia de la libertad se polarizará en Adela. En el primer acto, la conciencia de la libertad empieza a madurar en esta muchacha cuando se viste alegremente para que la vean las gallinas —acto gratuito, sintomático de un conciencia de libertad—. Luego, ella clama su afán de huir: «Yo no puedo estar encerrada. ¡Yo quiero salir!» No es sólo claustrofobia lo que expresa Adela. Es algo más profundo. Ha tomado contacto con la posible gratuidad de su vida: «No quiero perder mi blancura en estas habitaciones.» A la angustia de la gratuidad sucede la angustia de la libertad. Pero en este caso no es la libertad como consecuencia de la gratuidad —Yerma—, sino la libertad como remedio de la gratuidad. Adela quiere ser libre para realizarse, porque su gratuidad, su no realización como hembra, la angustia. La tragedia de Adela es menos tragedia que la de Yerma, o lo es en otro punto. Al crear el personaje de Yerma, Lorca ha puesto el énfasis en la gratuidad. Al crear el de Adela, en la libertad. Yerma llega al mal por la gratuidad. Adela, por la libertad. Y el mal, en Adela, llega mucho más allá que en Yerma —llega al suicidio— porque el crescendo dramático de la trilogía así lo exige y, al final de ésta, Lorca ha tocado el mal último en la criatura humana.

El segundo acto se inicia en una «habitación blanca del interior de la casa de Bernarda». «Las hijas de Bernarda están sentadas en sillas bajas, cosiendo. Magdalena borda. Con ellas está La Poncia.»

Dice Kierkegaard que la angustia es más propia de la mujer que del varón, aunque «la angustia no es, en modo alguno, un signo de imperfección. Si se quiere hablar de imperfección, ésta reside en otra cosa: en que la mujer, buscando en la angustia escapar de sí misma, se refugia en otro ser humano, en el varón». Lorca, que quizá no conocía a Kierkegaard, conocía profunda e intuitivamente, en cambio, el alma de la mujer. Por eso viene a coincidir con el gran danés en su dibujo de la angustia femenina, en la intensidad y la dirección de ese dibujo.

A poco de iniciarse el segundo acto de *Bernarda Alba*, Angustias, la hija mayor, la que se va a casar, dice una frase que corrobora nuestra identificación de la obra con *A puerta cerrada*: «Afortunadamente, pronto voy a salir de este infierno.» *Infierno*. No es sólo una manera de decir, en este caso. Porque le replica Magdalena, revelando el espantoso carácter de confinamiento sempiterno que tiene la casa: «¡A lo mejor no sales!» Ya sabemos que, efectivamente, no va a salir. (En el diálogo de las hermanas hay giros y formas de decir populares que Lorca ha utilizado ya en otras obras, y que sin duda proceden directamente de la realidad hablada de la calle.) En este acto encontramos a Adela posesa ya de la angustia de la libertad, cuando exclama sin miedo: «¡Yo hago con mi cuerpo lo que me parece!» Y, parejamente, está en ella asimismo la angustia de la gratuidad cuando se rebela contra su hermana Martirio, que se lamenta de que cuerpo tan hermoso, el de Adela, no vaya a ser para nadie. Adela grita: «¡Eso no! Mi cuerpo será de quien yo quiera.» El clamor de la libertad sexual —que es la libertad máxima y la libertad en acto— se alza en Adela: «Por encima de mi madre saltaría para apagarme este fuego que tengo levantado por piernas y boca.» Es el problema metafísico de la libertad individual —nacido de la gratuidad y vuelto contra ella— y el problema social de la libertad femenina —tan debatido en nuestro tiempo— lo que se plantea en Adela y en todas las heroínas trágicas de Lorca. Entenderlas solamente como hembras en celo es una pobre manera de no entenderlas. (Aunque tampoco las entenderíamos sin la potenciación del celo.) Adela es libertad encarnada. A cada momento lo corrobora: «¡Ay, quién pudiera salir también a los campos!» La mitificación del macho se intensifica por boca de La Poncia cuando habla de los segadores: «Cuarenta o cincuenta buenos mozos. ¡Alegres! ¡Como árboles quemados! ¡Dando voces y arrojando piedras!» Es el hombre mitificado por la libertad varonil que, aunque también esté interiormente tocada de angustia, a la mujer se le aparece siempre maravillosa, olímpica. Y luego, la anécdota de la mujer que los goza a todos en una noche, anécdota repetida en otras obras del autor y que contrasta turbadoramente con la abstención de las protagonistas y las incita de modo oscuro. Es, por otra parte, el tema de la voracidad femenina —adúltera o no—, recurrente en Lorca como expresión de un desprestigio de la hembra o de una exacerbación sexual enmascarada. Cuando Amelia pregunta ingenuamente si es cierto el suceso, Adela le ataja: «¡Pero es posible!» Y aquí se descubre su profunda toma de contacto con la libertad. No le hace falta saber si efectivamente se ha producido esa apoteosis de la libertad. Ella tiene una certidumbre más honda: que esa apoteosis y esa libertad *son posibles* en la naturaleza. *Están* en la naturaleza, aunque sea en potencia, esperando realizarse. Todo esto llega a su culminación escénica con el paso de los segadores por el pueblo.

Más tarde se produce el episodio del retrato. Pepe el Romano le había dado una fotografía suya a Angustias, su novia, y esta fotografía ha desaparecido. Alguna de las hermanas la ha robado para enfadar a Angustias o por mero fetichismo sexual, o quizá por ambas cosas a la vez. Cuando la casa se llena de interrogaciones sobre quién tiene el retrato, Adela exclama: «¡Alguna! ¡Todas menos yo!» Efectivamente, ella tiene ya al hombre en carne y sexo. No necesita su retrato. Ella ha elegido la realidad, que es libertad, mientras las otras se conforman con el sueño, que es alienamiento mental. En el ápice de la escena del retrato, Adela formula su gran rúbrica de la libertad identificada ya con el mal y la muerte. Habla con ese plural que suele sustituir a la primera persona: «Hasta que se pongan en cueros de una vez y se las lleve al río.» Frente a todo esto, Bernarda, representa la alienación mental, la negación de la libertad, no en un sentido externo y físico, como se ha venido entendiendo, sino en un sentido profundo de anulación de la conciencia, de enajenación del ser. Ya hemos dicho en otro punto de este libro que el consciente tiende a clausurar el subconsciente, porque sabe o adivina que en el subconsciente está el mal, o que el mal es precisamente que haya una zona subconsciente en el ser humano. Pero esta actitud es alienante, pues que encadena a más de la mitad del hombre. También en este sentido puede decirse que el bien es volitivo. El bien se ejerce siempre a costa del mal. Bernarda Alba representa el consciente exacerbado, alienante, volitivo, mucho más que el espíritu histórico inquisitorial español, como se ha venido entendiendo con un entendimiento puramente «social» del personaje. Esto que decimos queda claro en una frase de Bernarda: «Hay cosas que no se pueden ni se deben pensar.» La Poncia es la voz resumida de todo ese mundo en sombra del subconsciente que puebla la casa de Bernarda Alba. La Poncia es el subconsciente de la propia Bernarda Alba. Por eso resulta de una dimensión shakesperiana —sí, nuevamente shakesperiano Lorca— el diálogo entre ambas. Este diálogo equivale a un monólogo, aparte de sus valores teatrales y situaciones como tal diálogo. Bernarda es el consciente y la Poncia el subconsciente. La Poncia dice todas aquellas «cosas que no se pueden ni se deben pensar». Bernarda clausura su subconsciente: «No quiero entenderte.»

Con el episodio de la hija de la Librada se cierra este segundo acto. Una soltera del pueblo ha tenido un hijo y lo ha matado recién nacido para ocultar su vergüenza. Bernarda pide para ella «carbón encendido en el sitio de su pecado». Adela pide la libertad de la pobre desgraciada. Este episodio sirve para darnos resuelto, por un sistema de «falsa posición», como se dice en matemáticas, el conflicto entre madre e hija. Lorca ha trasladado el problema a una vecina del pueblo, anticipando así, dialécticamente, la tragedia que luego se hará efectiva. Recurso teatral y psicológico en el crescendo de su obra.

El acto tercero no nos libera de la clausura infernal. Estamos otra vez entre «cuatro paredes blancas ligeramente azuladas del patio interior de la casa de Bernarda. Es de noche. El decorado ha de ser de una perfecta simplicidad. Las puertas, iluminadas por la luz de los interiores, dan un tenue fulgor a la escena».

En el comienzo de este tercer acto la ola de erotismo vuelve de manera intensa con las inquietudes sexuales del caballo garañón a quien van a echarle las potras nuevas al amanecer. Lorca recurre nuevamente a la sexualidad animal, de tan fuerte efluvio, para crear esta clase de clima. El bestialismo se insinúa también en Adela, como en otras heroínas de Lorca: «El caballo garañón estaba en el centro del corral. ¡Blanco! Doble de grande, llenando todo lo oscuro.» La imagen es casi picassiana en su grandiosidad sexual. Lorca —sus personajes— se mueve siempre en el área del erotismo superfluo, desviado, exacerbado. Sus heroínas no luchan por la saludable sexualidad vegetativa, sino por algo desmesurado y oscuro. Y ya hemos dicho en qué sentido lo superfluo es lo demoníaco: por eso, por superfluo y por ir contra natura. Todas las mujeres de Lorca están malditas, son malditas. ¿No es él, secretamente, un *declassé* y un *maudit*?

La libertad y el mal son ya uno en Adela: «A mí me gusta ver correr lleno de lumbre lo que está quieto y quieto años enteros.» Y está hablando nada menos que de los astros. Shakesperianamente. La abuela María Josefa, con una oveja en brazos y su locura senil de fecundidad, es otra vez la exacerbación de la mujer y un grandioso contrapunto a la austeridad de la casa de Bernarda. Ella resume todo su desvarío libidinoso, de pronto, en el hombre concreto que es pivote viril de la tragedia: «Pepe el Romano es un gigante.» El pansexualismo del poeta y su alusión al bestialismo vuelven cuando María Josefa dice: «¿Por qué una oveja no va a ser un niño?» Adela formula, al fin, su angustia existencial de ser *arrojado*: «Dios me ha debido dejar sola en medio de la oscuridad.» Y en seguida realiza el primer acto de mujer libre, inaugura su libertad partiendo en dos el bastón de su madre. Momentos después se va a matar. Queda así vertiginosamente resumido en una breve escena todo el ciclo de la angustia: gratuidad —«Dios me ha debido dejar sola»—, libertad —«Esto hago yo con la vara de la dominadora»— y mal —Adela se ahorca.

19

SEÑORITO ANDALUZ

Si hemos dedicado todo este libro a intentar la destrucción del busto que iconografía a Lorca como señorito andaluz genialoide que hacía versos, veamos ahora, cuando ya sabemos cuánto tiene de mentira esa imagen, lo que puede tener de verdad. Es la forma de que el estudio quede completo y el nuevo dibujo de Lorca —el nuestro— se cierre académicamente.

El voluble «señorito andaluz» escribió de todo. He aquí cómo entiende La Cartuja: «Huele a sufrimientos y pasiones casi ahogadas. Husmea Satanás en medio de la soledad.» «Estos hombres se retiraron de la vida huyendo de sus vicios, de sus pasiones.» «Seguramente aquí se reflorecieron sus pasiones de una manera exquisita.» «El que entró en La Cartuja trémulo y aplanado por la vida, no encontró aquí el consuelo.» «Además..., ¿qué sabemos nosotros lo que desea nuestra alma?» «Nuestras almas reciben las pasiones admirables, y ya no se pueden sacudir de ellas.» «Lloran los ojos, rezan los labios, se retuercen las manos, pero inútil; el alma sigue apasionada, y estos hombres buenos, infelices, que buscan a Dios en estos desiertos del dolor, debían comprender que eran inútiles las torturas de la carne cuando el espíritu pide otra cosa.» «Todos ven así el silencio cartujano: paz y tranquilidad. Yo sólo veo la inquietud, desasosiego, pasión formidable que late como un enorme corazón por estos claustros.» «¡Enorme pesadilla la de estos hombres que huyen de las asechanzas de la carne y entran en el silencio y la soledad, que son los grandes afrodisíacos!...»

Lorca no se limita en esta «impresión» a reaccionar superficialmente, en «señorito andaluz», contra la penitencia cartujana. Lorca no pide la libertad de la carne, sino la libertad del espíritu. Una respuesta vulgar al silencio de La Cartuja hubiera sido la respuesta del cuerpo. Pero Lorca nos dice que son «inútiles las torturas de la carne cuando el espíritu pide otra cosa». El mal y la libertad están en lo que Lorca llama el espíritu y nosotros llamamos el hecho mismo de existir. El cuerpo es sólo, como diría Ortega, el emisario que enviamos a realizarse en la libertad o en el mal. Lo que menos importa de esta página de Lorca es aquello que muchos pudieran tomar por antirreligioso o anticlerical. Lo que importa es su afirmación de que no es al cuerpo al que hay que vencer, sino, en todo caso, a lo otro, a lo que él denomina espíritu. Quiere decirse que Lorca reconoce al mal entronizado en el centro mismo del hombre. El mal es constitutivo. El cuerpo no es el mal, y no solamente no lo es, sino que muchas veces distrae al mal, lo entretiene en los pequeños paraísos carnales, lo neutraliza. Y esto se comprueba agudamente cuando anulamos el cuerpo. En silencio y soledad, lejos del mundo, surge en la criatura humana una angustia que es la angustia del mal —(Kierkegaard preferiría llamarla angustia del bien)—, nacida para nosotros de la conciencia de la gratuidad, de la angustia de la gratuidad. Por eso dice Lorca que el silencio y la soledad «son los grandes afrodisíacos». Lo son en el sentido de que dejan al hombre en desnudez con su angustia, y esa angustia le lleva a huir, a refugiarse en algo, en lo más inmediato, en lo único que tiene cerca: su propio cuerpo. Así, el cuerpo ya no es el alegre emisario cumplidor de que nos habla el filósofo madrileño, sino una cueva de deseos exacerbados hasta el vicio por la angustia. El cuerpo se vuelve también maligno. Me parece que no hay que esforzarse mucho para obtener estas deducciones de las palabras de Lorca sobre —contra— la ascética. Para rubricar la victoria de la naturaleza sobre el mundo cartujano, el poeta nos dice hacia el final de su página: «Bajo una covacha, se arrullaban dos palomas.»

En *El convento* encontramos estos magníficos párrafos sobre el aullido de los perros: «Clamaban dolorosamente, quizá contra su forma y su vida.» El panteísmo negativo de Lorca ve en el perro una rebelión contra su ser como la que luego vería Albert Camus en «el hombre rebelde». «... y hay temor, mucho temor, en el perro cuando aúlla, porque aguza los oídos, tiembla, entorna los ojos con expresión de maleficio satánico» (ya salió la palabra clave). Todo el espanto de la naturaleza, la angustia de existir, que nosotros hemos llamado angustia de la gratuidad, Lorca la adivina o la proyecta también en el perro. Lorca habla concretamente de «angustia» y, luego, de «sonidos negros», los famosos sonidos negros del enduendamiento, del endemoniamiento. Pero el poeta va a decir, finalmente, toda la verdad: «La Muerte llega y ordena a los perros cantar su canción.» Ya está. La muerte, desvalorizando la vida toda, hacia atrás, convierte a ésta en gratuidad, y de la gratuidad nace la angustia. Es la muerte lo que clama en el perro, como en la obra toda del «señorito andaluz». Profundo y angustiado señorito, dramático y existencial andaluz. Pero ¿no es esta prosa la prosa de un *maudit*? Obvio sería estudiarlo. Baste con señalar cómo Lorca, curiosamente, trae a su página el recuerdo de un maldito oficial: «Dentro de mí se agita una afirmación sobre el aullido de los perros, que escribió el loco y fantástico conde de Lautréamont.»

Más adelante, con ocasión de la plática de un fraile, Lorca escribe: «Lucha cruenta con el enemigo invisible que ellos creen del exterior sin notar que está escondido muy hondo en el corazón.» Y luego: «...pero de ese misticismo admirable surge la tentación». Es una confirmación de lo que había escrito en *La Cartuja*. Lo que menos importa aquí es su estampa anticlerical. Lo que nos importa es su declaración de principios sobre la naturaleza del mal. ¿Por qué no se han leído nunca despacio estas palabras de Lorca? En confesiones así es donde hay que descubrirle, sobre todo cuando no se es capaz de hacerlo en otros escritos suyos más crípticos (y también más secretamente reveladores).

Canéfora de pesadilla es una prosa que recuerda mucho a ciertos escritos de los «malditos»: «Salía de aquella casa de vicios espantosos y lujurias extremas. Estaba envuelta en un hábito de impudor y bajeza de una degeneración sexual. Podía ser animal raro o hermafrodita satánico. Carne sin alma o medusa dantesca.» «Tose repetidas veces... y se cree oler a azufre... bajo el peso de los espíritus del mal.» «Es la eunuca de un harén de podredumbre. Si fuera hermosa, sería Lucrecia; como es horrible, es Belcebú.» El texto pertenece, sin duda, a la primera época de Lorca, y es un testimonio más —al comienzo de este libro vimos otros— de la influencia precoz de los poetas malditos en Lorca, influencia nunca estudiada, que yo sepa. Federico traslada al Albaicín una visión del mal que ha aprendido, quizá, en Baudelaire. Visión y versión maldita un tanto novelesca, «decorativa» —nada más decorativo que el horror—, como lo son con frecuencia las del propio Baudelaire. Lorca estaba, cuando escribió *Canéfora de pesadilla* —título casi parnasiano—, en sus primeros pasos de adentramiento en el mal. La vivencia depuradísima, interna, que nos dará luego del mal, en el *Diván* o en *Yerma*, tiene para nosotros mucho más valor y significación que estos apuntes de un aprendiz de maldito, interesantes, empero, de consignar.

En *Jardín romántico*, Lorca nos sorprende con un primer arranque social. El poeta se lamenta de que vaya a desaparecer aquel lugar deleitoso. Pero la pobre mujer que lo va a convertir en huerto para alimentar a sus hijos, le dice: «Cómo se ve que usted está bien comido.» Y Lorca, «señorito andaluz» (?), responde: «¿Sabe usted lo que le digo? Que está muy bien desaparecido el jardín.» Y en seguida: «Verlaine llora y Eduardo Dubus está sonando su violín negro... Pronto el arado estará en las maravillas umbrosas del jardín... Es irremediable.» El maldito y decadente se complica aquí con el rebelde social. Éstas eran las fuerzas que se debatían en el Lorca juvenil. En *Mediodía de agosto*, Lorca, que es ya un panteísta, pero no todavía un panteísta negativo, escribe algo que viene a coincidir con nuestra idea del erotismo superfluo que colorea la naturaleza y que a él le hechizó siempre: «La naturaleza tiene deseos de una cópula gigante.» *Otro convento* insiste en el fracaso de la castidad en la vida religiosa y, por tratarse esta vez de un convento de monjas, nos recuerda «La monja gitana», del *Romancero*. Evidentemente, esta página es anterior al poema, de modo que viene a resultar así como el borrador en prosa de aquél.

Un hospicio de Galicia es ya pura España negra y, además, una página de tanta virulencia social que deja en ridículo a todos los adictos —en pro o en contra— del Lorca señorito: «Me dio gran compasión esta puerta por donde han pasado tantos infelices..., y es preciso que sepa la misión que tiene y quiere morirse de pena, porque está carcomida, sucia, desvencijada... Quizá algún día, teniendo lástima de los niños hambrientos y de las graves injusticias sociales, se derrumbe con fuerza sobre alguna comisión de beneficencia municipal, donde abundan tanto los bandidos de levita, y aplastándolos haga una hermosa tortilla de las que tanta falta hacen en España... Es horrible un hospicio con aires de deshabitado, y con esta infancia raquítica y dolorosa. Pone en el corazón un deseo inmenso de llorar y un ansia formidable de igualdad. Por una galería blanca y seguida de monjas avanza un señor muy bien vestido, mirando a derecha e izquierda con indiferencia... Los niños se descubren respetuosos y llenos de miedo. Es el visitador...»

En cuanto al mito del Lorca sociable, amiguísimo, he aquí la verdad de su corazón, en carta a Jorge Guillén: «Me doy por satisfecho teniéndote a ti, a otros pocos (poquísimos) por amigos.» Y en otra carta al mismo destinatario: «Te he tenido una larga carta escrita sobre la poesía. La he roto. Comprendo que estoy muy *ligado* con otros poetas y sería terrible mi voz.» «¡Ay! ¡Cuánta trampa! Es triste. Pero tengo que callar. Hablar sería un *escándalo*.» No participa, no, el señorito andaluz, de la alegre poesía de señoritos que se hacía en aquellos años.

A Sebastián Gasch le dice en carta desde Granada (1928): «Estoy muy *baqueteado* y maltratado de pasiones que tengo que vencer.» A partir de aquí, sus quejas íntimas se repetirán con frecuencia. Al señorito andaluz le pasaban muy graves cosas por dentro. En otra carta al mismo destinatario, y del mismo año, formula Lorca una sucinta poética: «Ahí te mando los dos poemas. Yo quisiera que fueran de tu agrado. Responden a mi nueva manera *espiritualista*, emoción pura descarnada, desligada del control lógico, pero ¡ojo!, ¡ojo!, con una tremenda lógica poética. No es surrealismo, ¡ojo!, la conciencia más clara los ilumina.» «Emoción pura descarnada, desligada del control lógico.» Es el «empobrecimiento de facultades», la provocación del duende, del subconsciente, de que nos había hablado en la famosa conferencia «Teoría y juego del duende». «Pero ¡ojo!, con una tremenda lógica poética.» En esta alternancia de oscuridad y lucidez se mueve toda su obra. Si hay algo que caracterice la dinámica creadora de este poeta, es ese dar un paso hacia la sombra y otro hacia la luz. Dos pasos hacia la oscuridad y uno hacia la claridad. Entra en lo más tenebroso, pero se ilumina siempre «con una tremenda lógica poética». Por otra parte, la «lógica poética» —de sobra lo sabemos— no es la lógica. Lorca rechaza la contaminación surrealista. Pero el surrealismo tiene dos maneras: la voluntaria y la espontánea. Mediante el surrealismo voluntario se puede llegar a la enumeración caótica, que es la menos caótica de las enumeraciones, pues sólo por asociaciones de ideas funciona la imaginación, y es la voluntad quien ha de romper esas asociaciones para lograr el caos expresivo, fragmentando el natural discurso del pensamiento. Mediante el surrealismo espontáneo, que es, naturalmente, el más verdadero, se provoca la puesta en marcha de una lógica más profunda: por ejemplo, la *caprichosa* lógica de los sueños, de los delirios, del subconsciente. Hacer verdadero surrealismo, llegar al trance surrealista y tocar el subconsciente, no es, pues, liberarse de la lógica, sino entrar en contacto con una lógica más profunda, misteriosa por desconocida, sugestiva por fragmentaria para nosotros. El hombre está preso de su logicismo incluso en los últimos extremos de la locura. El hombre es un animal lógico y su logicidad es constitutiva. Sólo se puede disparatar —voluntaria o involuntariamente— dentro de un sistema de relaciones mentales que son precisamente la racionalidad. El hombre ha superado la irracionalidad. La especie dio un día el salto cualitativo, y ese salto jamás puede volver a darse hacia atrás. Todo pensamiento es ya consecuencia de otro pensamiento, y las modificaciones externas o internas que puedan introducirse en el encadenamiento de las ideas provocan en ese encadenamiento una reacción *lógica*. El curso de las ideas puede quebrarse brutalmente desde fuera o desde dentro, mas esa quebradura será *lógica*: respuesta exacta al estímulo deformante. La criatura humana vive encadenada a su pensar. Ése es el gran alienamiento. Por eso, en las situaciones más dolorosas o trágicas, en las situaciones límite, pedimos: «No pensar, quisiera no pensar.» Es la marcha inexorable del pensamiento lo que se nos hace insufrible. El pensamiento del dolor agobia más que el dolor mismo. Pudiéramos decir que la gran mayoría de los suicidios son atentados contra el cerebro, contra el minutero infalible de los pensamientos. Lo que nos atormenta, después de una desgracia, es el «no poder dejar de pensar en ella». El pensamiento, con su lógica implacable, la sigue elaborando. ¿Qué es lo que hay que detener, cuando la desgracia ha pasado, cuando ya «no pasa nada»? El pensamiento de la desgracia. El pensamiento, que es lo que *sigue pasando*, con su monstruosa lógica acordada a todos los estímulos. Es el pensamiento, pues, lo que hay que parar, ya que, *lógicamente*, el pensamiento sigue pensando en ese hecho descomunal —idea ya— que se ha depositado en él. Un golpe de estado a la lógica. Lo que el suicida necesita cortar, interrumpir, no es el curso de sus latidos ni de sus segregaciones —aunque éstos sean muy deficientes o angustiosos—, sino el curso de sus pensamientos. De modo que el suicidio es un acto contra la lógica, no sólo en el sentido general de ser contra natura, sino en el sentido particular de que es un atentado concreto al pensar lógico.

Lorca, al hablarle a Sebastián Gasch de la «emoción pura descarnada, desligada del control lógico», se está refiriendo al control superficial, periférico, de la persona, que es limitador y antipoético. Y al poner el énfasis en una «tremenda lógica poética», no corrige o alivia la afirmación anterior, sino que la profundiza. Viene a decirnos que sólo quiere atenerse a la lógica más interna y profunda, que por secreta o poco conocida llamamos misteriosa o poética. Luego Lorca sabe de algún modo esto de que el hombre nunca puede liberarse del alienamiento de la lógica —como pretendían enfáticamente los surrealistas, que él rechaza—, sino que hay que obtener los hallazgos creadores de esa lógica más honda, tan guadiánica que casi no parece lógica, y nunca de un pretendido alogicismo que jamás puede darse en la criatura racional. Ese vivir en la lógica última es lo que hace a Lorca verdaderamente poeta y lo que hace a su poesía sonámbula. En otra carta a Gasch confiesa: «He cercado algunos días al sueño...» Y, aunque luego hace afirmaciones y protestas de su vivir y escribir en un plano de realidad inmediata, de pronto se traiciona: «El abismo y el sueño los TEMO en la realidad de mi vida, en el amor, en el encuentro cotidiano con los demás. Eso sí que es terrible y fantástico.» Lorca ha escrito TEMO con mayúsculas. La confesión es tan explícita que no podemos estorbarla con comentarios. ¿Actitud ante la vida de desenfadado señorito andaluz? Aunque él mismo hace continuamente la farsa del desenfado —con la que tanto engañó y sigue engañando a los más propensos a engañarse—, la verdad le sube a las palabras. Este vivir en farsa, esta doble vida, esta suerte de histrionismo, es algo característico, por otra parte, del *maudit*. Ortega lo ha señalado en el gran poeta *maudit* —Baudelaire— y el gran *maudit* de la filosofía: Kierkegaard. Si Kierkegaard y Baudelaire hacían la farsa de la angustia —no en el sentido de inventarla, sino de abultarla—, Lorca hace la farsa y el histrionismo de la alegría, en igual sentido.

He aquí otra confesión a S. G. que deja muy mal al Federico «sociable»: «Me cuesta un trabajo ímprobo sostener una conversación normal con estas gentes del balneario.» Sin embargo, sostiene esas conversaciones «normales». Lo que en él hubo de histrión ha engañado mucho y a muchos. Pero ya acabamos de ver cómo el histrionismo es una característica del maldito, es algo maligno en sí, como reflejo externo que es de un desdoblamiento interno de personalidad. Explicándole a Gasch sus dibujos, nos da la clave de todo su hacer: «Hay milagros puros, como "Cleopatra", que tuve verdadero escalofrío cuando salió esa armonía de líneas que *no había pensado, ni soñado, ni querido.*» (El subrayado es del poeta.) Cuando dice ingenuamente: «Abomino del arte de los sueños», se está refiriendo, sin duda, a los surrealistas oficiales. Pero, a la vez, se está contradiciendo a sí mismo con respecto de otras declaraciones y, sobre todo, con respecto de toda su obra. Estas contradicciones son más naturales en un creador que cualquier monstruosa concordancia entre poesía y poética. Tengamos en cuenta que acaba de escribir al propio Gasch —privilegiado destinatario—: «Aquí se comprenden las llagas de San Roque, las lágrimas de sangre y el gusto por el cuchillo clavado. Andalucía extraña y berberisca.» Ese «aquí», más que a Andalucía «extraña y berberisca», se refiere, aunque él no lo sepa, al orbe onírico en que vive y crea. Tan sonámbulo que se creía despierto. Y esas mismas afirmaciones de vigilia son ya sospechosas de sonambulismo. En su última carta al crítico catalán (¿1928?), se descubre una vez más: «El disparate, si está vivo, es verdad; el teorema, si está muerto, es mentira.» Bien se ve que los condicionantes de «vivo» y «muerto» son puramente convencionales. El disparate es vida; no hay disparates muertos. El teorema es abstracción; no vida. Está siempre muerto. Ambos condicionamientos son superfluos por redundantes. La frase quedaría mejor así: «El disparate es lo vivo y el teorema lo muerto.» Pero Lorca cuidará siempre de guardar las apariencias. Llevará la farsa de la razón hasta las últimas consecuencias. Sin embargo, ahí ha quedado su lema, que de antiguo conocíamos. Su adhesión al disparate. (A esa lógica secreta que por guadiánica llamamos disparate.)

Hay una carta a Jorge Zalamea, de 1928, que es Valiosísima: «Ahora tengo una poesía de ABRIRSE LAS VENAS, una poesía EVADIDA ya de la realidad con una emoción donde se refleja todo mi amor por las cosas y mi guasa por las cosas. Amor de morir y burla de morir. Amor. Mi corazón. Así es. Todo el día tengo una actividad poética de fábrica. Y luego me lanzo a lo del hombre, a lo del andaluz puro, a la bacanal de carne y de risa.» «La bella carne del Sur te da las gracias después de haberla pisoteado. A pesar de todo, yo no estoy bien ni soy feliz.» Abrirse las venas y evadirse de la realidad. Preciosa confesión que explica buena parte de su obra. «Mi amor por las cosas y mi guasa por las cosas.» Su panteísmo, atenuado por la farsa de la frivolidad (que, repetimos, no es invención, sino exageración). «Amor de morir y burla de morir.» Siempre frases de doble filo. Siempre la duplicidad, el desdoblamiento, el histrionismo. Y una frase que es puro Marqués de Sade: «La bella carne del Sur te da las gracias después de haberla pisoteado.» Por fin, se quita la máscara de la burla y la risa: «A pesar de todo, yo no estoy bien ni soy feliz.» Ya lo sabíamos.

Hay una carta de Salvador Dalí a Lorca donde el pintor le dice al poeta: «La última temporada de Madrid te entregaste a lo que no debiste entregarte nunca.»

Otra carta de Lorca a Jorge Zalamea, valiosísima también. No sé si ha sido estudiada debidamente la correspondencia de Lorca con Zalamea. Es quizá lo más revelador de todo su epistolario: «Yo he *resuelto* estos días con voluntad uno de los estados más dolorosos que he tenido en mi vida. Tú no te puedes imaginar lo que es pasarse noches enteras en el balcón viendo una Granada nocturna, *vacía* para mí y sin tener el menor consuelo de nada. Y luego... Procurando constantemente que tu estado no se filtre en tu poesía, porque ella te jugaría la trastada de abrir lo más puro tuyo ante las miradas de los que no deben *nunca* verlo. Por eso, por disciplina, hago estas *academias* precisas de ahora y abro mi alma ante el símbolo del Sacramento, y mi erotismo en la «Oda a Sesostris», que llevo mediada.» Aparte de descubrirnos a un Lorca torturado —que ya imaginábamos—, esta carta confirma nuestra teoría de su histrionismo (entendido en el sentido radical que ya hemos explicado, y no como un «Festival Lorca», que es lo que a la gente le ha llegado de él): «Procurando constantemente que tu estado no se filtre en tu poesía.» Duplicidad, malignidad. Dice Kierkegaard que lo demoníaco es la reserva. Hay algo que ocultar a «las miradas de los que no deben *nunca verlo*». No nos importa tanto la naturaleza de ese «algo» como el hecho de que exista. Cada cual puede hacer sus hipótesis al respecto. Yo me quedo con lo único que no es hipótesis: que el hombre Lorca tenía secreto, un profundo secreto. El secreto —la «reserva» kierkegaardiana— es siempre causa de desdoblamiento. Si la reserva es lo demoníaco, el desdoblamiento es la manifestación de ese demonismo.

En la máxima tensión de su duplicidad, Lorca realiza sus *academias* poéticas, y se va al extremo opuesto de su verdad: escribe una «Oda al Santísimo Sacramento». Ya vimos en su momento la irreligiosidad de esta «Oda», pero ahora el poeta nos confirma que no tiene otro valor que el de simple *academia*, el de necesaria disciplina. Su «Oda» es entonces el máximo enmascaramiento, el supremo histrionismo. ¿No es esto diabólico? Para confirmar su diabolismo, ahí está el último párrafo de tan inestimable carta: «Me parece que este "Demonio" es bien Demonio. Cada vez esta parte se va haciendo más oscura, más metafísica, hasta que al final surge la belleza cruelísima del enemigo, belleza hiriente, enemiga del amor.» Si el poema era demoníaco por su origen histriónico, ese demonismo se confirma luego en los versos mismos, en la devoción al demonio, típica y tópica de los *maudit*. Quiere decirse que la verdad inconfesable sí se filtra, contra lo que el poeta deseaba, a través de su obra, e incluso la caracteriza. Lo que escribió como ejercicio de disciplina, como inocente *academia*, se ha convertido en su más grande poema blasfematorio, maldito. Quizá todo el grandioso esteticismo de Lorca tiene esa voluntad histriónica de *academia* para enmascarar una verdad que, fatalmente, sale por sus fueros y potencia el academismo, el esteticismo, hasta la genialidad. En un fragmento de otra carta a J. Z. vuelve la reserva kierkegaardiana y demoníaca: «Quiero y requiero mi intimidad.» Esta defensa de la intimidad no sería alarmante si no se diese en un hombre que ejercía de extrovertido. Aquí hay doblez, hay duplicidad, hay malignidad.

En carta a Carlos Morla Lynch, de principios de junio de 1929, escribe: «Nueva York me parece horrible, pero por eso mismo me voy allí. Creo que lo pasaré muy bien.» Más tarde dirá: «Estoy en Nueva York, que es una ciudad de alegría insospechada.» Estas contradicciones quedan resueltas en el libro sobre la ciudad de los rascacielos. Y de qué modo.

El resto de los epistolarios lorquianos abunda en bromas, minimizaciones, primores que nos autorizan a hablar de un sempiterno señorito andaluz vigente en él. Pero ya hemos visto cómo este señoritismo —aparte de no entrar para nada en una consideración profunda del hombre Lorca—, forma parte de su farsa de la sociabilidad, de su histrionismo culpable, de su duplicidad última. Farsa, histrionismo y duplicidad que consisten, como hemos dicho y repetido, no en la absoluta falsedad, sino en la hipertrofia de una parte, la más tangencial, de la personalidad, como ocultamiento de otra parte, de otra mitad, que vive y quiere vivir en la sombra.

Lorca hipertrofia la alegría como Kierkegaard hipertrofia la angustia. Y no porque Lorca no sea alegre y Kierkegaard no sea angustiado. Esta hipertrofia tiene su origen en el desdoblamiento de personalidad. Hay un yo que está mirando al otro yo. Dijo Victor Hugo que «uno vale más si sabe que le miran». Y, sobre todo, si el que se mira es uno mismo, decimos nosotros. Kierkegaard se complace en la angustia de su álter ego. Kierkegaard, a quien Ortega ha llamado, más o menos, con madrileño e injusto desplante, señorito provinciano de Copenhague. Kierkegaard, príncipe danés de la angustia, príncipe jorobeta y genial. De esa complacencia que hay siempre en la autocontemplación nace el desorbitamiento de lo contemplado. «El ojo del amo engorda al caballo», dice el rústico refranero español. El ojo engorda al propio amo, pudiera sintetizarse. El ojo con que Kierkegaard se contempla a sí mismo engorda su angustia, la hipertrofia hasta convertirla en otra joroba del personaje, en una joroba psicológica. Sören Kierkegaard ha descubierto que lo más importante de él, lo que le lleva a triunfar ante la gente y a ser el raro de Copenhague, es su angustia. Fatalmente, la cultiva. Por otra parte, necesita cultivarla para ocultar su otra mitad, la que no es angustiada, la que quedaría vulgar en sociedad. Así, lo que ha nacido espontáneamente del desdoblamiento de personalidad, se prosigue volitivamente por conveniencia.

También Lorca; personalidad desdoblada, se complace en su alegría y esta complacencia hipertrofia esa alegría. Lorca, señorito provinciano de Granada, como el otro de Copenhague —y conste que no estoy tratando de apurar los paralelismos, que apenas si existen entre estos dos nombres—, comprueba que la alegría es su resorte social (como en Kierkegaard lo era la angustia).

Consecuentemente, desorbita su alegría. Y esta desorbitación le permite ocultar lo que desea mantener oculto, su otra mitad, el Lorca que no es alegre. En ambos casos, pues, el enmascaramiento, el histrionismo, no es ni espontáneo ni deliberado, sino todo lo contrario, para decirlo con fórmula magistral de un humorista español. Y añadamos que, en ambos casos, se trata del desdoblamiento como narcisismo —que ya hemos estudiado poniendo el ejemplo de Baudelaire—, frente al desdoblamiento como agonía: Dostoievski. En ambos casos, sí, aunque en ambos juegue la angustia, en uno como exhibición y en otro como ocultamiento. Tanto Kierkegaard como Lorca son narcisistas —el uno por deforme, el otro por gentil—, mientras que Dostoievski es el anti-Narciso.

«Yo no soy gitano», le dice Lorca a un periodista. Y añade: «Andaluz, que no es igual, aun cuando todos los andaluces seamos algo gitanos.» Contradicción, ocultamiento a medias y exhibición también a medias de una verdad o una mentira, su gitanería. Histrionismo. Confiesa que de pequeño jugaba a «decir misas, hacer altares, construir teatritos». Ya, naciente, la vocación por el esoterismo religioso, por el teatro, por lo que la liturgia tiene también de representación. Mucho se ha hablado de la vocación dramática de Lorca. Nosotros hemos dicho en este libro que su dramaturgia es la puesta en marcha y en escena de su tragicismo. Mas hay otra motivación psicológica en su vocación teatral: el desdoblamiento, la ocultación, el travestismo psíquico, el histrionismo natural que más tarde ha de «profesionalizarse» dentro del mundo de la escena. Dice Sartre en *Lo Imaginario* que la perfecta imitación es una posesión: el imitador es poseído por el imitado; el perfecto imitador es un poseso. No es preciso subrayar lo que hay de demoníaco en esta suplantación de personalidad, en este espiritismo psicológico y mímico. Podemos decir, en este sentido, que Lorca es un poseso de las heroínas que crea, de las mujeres que *imita* en su teatro. La imitación literaria es perfecta, grandiosa a veces, porque Lorca se deja *poseer* por un espíritu de mujer en celo.

En 1928 le explica así su posición teórica a Ernesto Giménez Caballero: «Vuelta a la inspiración. Inspiración, puro instinto, razón única del poeta. La poesía lógica me es insoportable. Ya está bien la lección de Góngora. Apasionado instintivamente.» Ya ni siquiera habla de la «lógica poética». En otra entrevista manifiesta su adhesión a las razas malditas: «Los judíos, los sirios y los negros. ¡Sobre todo los negros! Con su tristeza se han hecho el eje espiritual de aquella América. El negro que está tan cerca de la naturaleza humana pura y de la otra naturaleza.» En 1931, Gil Benumeya establece el paralelismo africanizante entre los dos grandes granadinos, Ganivet y Lorca, y dice: «García Lorca, granadino, puesto bajo el sino del mismo totem.» A Gil Benumeya le declara Lorca su proclividad hacia las razas malditas, que él explica superficialmente —o no tan superficialmente— por granadinismo: «Yo creo que el ser de Granada me inclina a la comprensión simpática de los perseguidos. Del gitano, del negro, del judío..., del morisco, que todos llevamos dentro.» ¿No había dicho que lo gitano, en él, era sólo un tema y un libro? Pero ya sabemos a qué atenernos. Sigue el poeta diciéndole al arabista Gil Benumeya: «De expresar yo algo flamenco, sería la soleá o la siguiriya gitana —o el polo o la caña—, o sea lo hondo, lo escueto, el fondo primitivo del andaluz, la canción que es más grito que gesto.»

En conferencias y entrevistas sobre su viaje a Nueva York, Lorca explica en prosa lo que luego diría en verso: «Harlem, la ciudad negra más importante del mundo, donde lo más lúbrico tiene un acento de inocencia que lo hace perturbador y religioso.» Sus ideas ya no son vagas y contradictorias, como a la ida. De regreso, ha descubierto «su» Nueva York: «Negros. Ni Bronx ni Brooklyn.» «Lo que yo miraba, y paseaba, y soñaba, era el gran barrio negro de Harlem.» Era fatal que ocurriese así: «Yo quería hacer el poema de la raza negra en Norteamérica y subrayar el dolor que tienen los negros de ser negros en un mundo contrario; esclavos de todos los inventos del hombre blanco y de todas sus máquinas.» Y luego: «Wall Street. Impresionante por frío y por cruel.»

En 1933, el «señorito andaluz», el «folklórico» Lorca, le dice a un periodista: «Mi arte no es popular. Yo nunca he considerado que lo sea. El *Romancero* no es un libro popular, aunque lo sean algunos de sus temas.» «Pero la mayor parte de mi obra no puede serlo, aunque lo parezca por su tema, porque es un arte, no diré aristocrático, pero sí depurado.»

Poco nos va quedando, pues, del señorito estetizante que hacía folklorismo falso con las canciones de sus criados.

A otro periodista le dice: «Usted, como buen gallego, me hace una pregunta con intención de gitano, y yo, como un gitano, le voy a contestar.» Nueva y contradictoria confesión de gitanería. Y al mismo periodista: «Qué profunda y qué respetable es la diferencia que existe entre Andalucía y Galicia, y cómo existe, sin embargo, una corriente subterránea de subconsciencia, un eje espiritual que ata a sus hombres: el duende de quien hablo en mi conferencia.» Palabras que vienen a confirmar las nuestras de que Andalucía y Galicia son las dos regiones daimónicas de España.

Hablando del villancico hace Lorca una afirmación que viene a autorizar con su autoridad nuestra teoría de la paganización del catolicismo andaluz: «Es curioso este pagano villancico de Navidad, que denuncia el sentido báquico de la Navidad en Andalucía.» Asimismo, le emociona el sentido social de algunas canciones populares: «Hay algunas canciones de profunda emoción y contenido social. Ésta, por ejemplo:

> *El gañán en los campos*
> *de estrella a estrella.*
> *Mientras los amos pasan*
> *la vida buena.*

O este otro fiero, como de Andalucía, que pudo servir de panfleto, de manifiesto y de estandarte a la reciente revuelta:

> *Qué ganas tengo*
> *de que la tortilla se dé la vuelta:*
> *que los «probes» coman pan*
> *y los ricos coman mierda.*

La preocupación social, ya francamente activista dentro de su profesionalidad artística, se continúa en unas declaraciones sobre teatro para el pueblo: «Hay un solo público que hemos podido comprobar que no nos es adicto: el intermedio, la burguesía frívola y materializada. Nuestro público, los verdaderos captadores del arte teatral, están en los dos extremos: las clases cultas, universitarias o de formación intelectual o artística espontánea, y el pueblo, el pueblo más pobre y más rudo, incontaminado, virgen, terreno fértil a todos los estremecimientos del dolor y a todos los giros de la gracia.»

Hay unas declaraciones a José R. Luna, de 1934, que comienzan con estas palabras enigmáticas: «Los hombres, en su mayoría, tienen una vida especial que usan como tarjeta de visita. Es la vida que se les conoce públicamente.» «Pero esa mayoría tiene también la otra vida, una vida gris, agazapada, torturante, diabólica, que trata de ocultar como un feo pecado.» ¿Denuncia de la hipocresía o confesión velada? Conciencia de la duplicidad, de la reserva maligna, del histrionismo, en todo caso.

En estas mismas declaraciones se encuentra el origen de su panteísmo cuando cuenta que, siendo niño, «adjudicaba a cada cosa su personalidad», y un día escuchó claramente cómo la voz del viento en los chopos pronunciaba su nombre, le llamaba: «Fe...de...ri...co...» Y dice luego el periodista algo que contrasta con todo el gacetillerismo bullicioso que se hacía por entonces en torno del poeta: «Se rodeó de amigos, pocos, pero auténticos. Y desde entonces su vida está dividida en dos: la que vive para sus amigos y la que vive solo.» Parece que este periodista, José R. Luna, sí se percató de la ambivalencia de Federico, de su histrionismo (y no hay que aclarar, supongo, que vengo utilizando esta palabra sin ningún matiz peyorativo, sino en su acepción más profunda). Lo que no puede exigírsele al periodista es que buscase la clave de ese histrionismo en un sutil desdoblamiento de personalidad que, quizá, ni el propio poeta conocía. En cualquier caso, sus palabras son valiosas: «Ambas vidas tienen su bien. La de Lorca para los amigos es la que todos conocemos: alegre, bulliciosa, gentil, dinámica. La que no todos conocen, la que él mismo teme, es la antítesis. Flota sobre ella un espíritu trágico. El silencio de las ideas obsesionantes, como la idea de la muerte, tratando de envolverla. Y el poeta vibra bajo el terror como un apasionado.» Aquí puede haber tanto de perspicacia por parte del periodista como de debelamiento por parte del propio Lorca, pues por entonces, 1934, quizá su yo interior empezaba a aflorar sin posible embozamiento, como puede comprobarse en su obra. Declara el poeta en esta inestimable entrevista: «Amo a la tierra. Me siento ligado a ella en todas mis emociones. Mis más lejanos recuerdos de niño tienen sabor de tierra. La tierra, el campo, han hecho grandes cosas en mi vida. Los bichos de la tierra, los animales, las gentes campesinas, tienen sugestiones que llegan a muy pocos. Yo las capto ahora con el mismo espíritu de mis años infantiles. De lo contrario, no hubiera podido escribir *Bodas de sangre*. Este amor a la tierra me hizo conocer la primera manifestación artística. Es una breve historia digna de contarse.» Y cuenta el poeta cómo, allá por el año 1906, viendo trabajar a los nuevos arados Bravant, consagrados en la Exposición de París, asistió al desenterramiento casual, por la hoja de acero, de un mosaico romano: «Tenía una inscripción que ahora no recuerdo, aunque no sé por qué acude a mi memoria el nombre de los pastores Dafnis y Cloe. Ese mi primer asombro artístico está unido a la tierra. Los nombres de Dafnis y Cloe tienen también sabor a tierra y a amor. Mis primeras emociones están ligadas a la tierra y a los trabajos del campo. Por eso hay en mi vida un complejo agrario, que llaman los psicoanalistas. Sin este mi amor a la tierra no hubiera podido escribir

Bodas de sangre. Y no hubiera empezado tampoco mi obra próxima: *Yerma*. En la tierra encuentro una profunda sugestión de pobreza. Y amo la pobreza por sobre todas las cosas.» Sería tosco interpretar este «complejo agrario» de Lorca como mera urdimbre ruralista. Lo que él o los psicoanalistas llaman «complejo agrario» es lo que nosotros hemos llamado su «franciscanismo» pagano o profano, inverso, y, sobre todo, su panteísmo antihedonista, dramático. Que aquí hay algo más que el simple tirón agrario de un niño de pueblo, lo prueba la anécdota del mosaico romano; pero lo prueba, sobre todo, la dimensión que él ha dado a la palabra «tierra» en las obras que, como dice, de ella han brotado: *Bodas*, *Yerma* y, más tarde, *Bernarda Alba*. No es sólo un niño de pueblo que sublima sus vivencias infantiles. Es, sobre todo, un gran panteísta negativo que alguna vez vivió oculto dentro de un niño de pueblo.

Pero sigue la sugestión de esta entrevista, quizá la más importante que se le hizo nunca a Lorca: «No puedo tolerar a los viejos. No es que los odie. Ni que los tema. Es que me inquietan. No puedo hablar con ellos. No sé qué decirles.» Estas afirmaciones valen, sobre todo, si les damos la vuelta: Lorca no tolera a los viejos porque ama demasiado a los jóvenes. Lorca es un panteísta y los viejos no caben en ningún panteísmo, aunque sea negativo, como el de Lorca. Lorca ve la muerte potenciando la vida, la juventud, la belleza, galvanizándolo todo de drama e instantaneidad. La grandeza y el drama está en el contraste. Pero los viejos se confunden ya con la muerte misma: no hay contraste, no hay potenciación, no hay belleza. Hablando de los viejos, el poeta acaba, naturalmente, hablando de la muerte. «Pero acaba de nombrar a la muerte y su rostro se ha transfigurado», dice el entrevistador. Y Lorca: «La muerte... ¡Ah!... En cada cosa hay una insinuación de muerte. La quietud, el silencio, la serenidad, son aprendizajes. La muerte está en todas partes. Es la dominadora... Hay un comienzo de muerte en los ratos que estamos quietos. Cuando estamos en una reunión, hablando serenamente, mirad a los botines de los presentes, los veréis quietos, horriblemente quietos. Son piezas sin gestos, mudas y sombrías, que en esos momentos no sirven para nada, están comenzando a morir... Los botines, los pies, cuando están quietos, con esa quietud trágica que solamente los pies saben adquirir, uno piensa: diez, veinte, cuarenta años más, y su quietud será absoluta. Tal vez unos minutos. Quizá una hora. La muerte está en ellos... No puedo estar con los zapatos puestos, en la cama, como suelen hacer los tofos cuando se echan a descansar. En cuanto me miro los pies, me ahoga la sensación de la muerte. Los pies, así, apoyados sobre sus talones, con las plantillas hacia la frente, me hacen recordar a los pies de los muertos que vi cuando niño. Todos estaban en esta posición. Con los pies quietos, juntos, con zapatos sin estrenar... Y eso es la muerte.» ¿Qué cabe decir del gran optimista después de esto? ¿No hay aquí un obseso? Finalmente, en esta importantísima entrevista, el poeta, hablando de los cartelones que le anuncian por todo Buenos Aires, explica: «Era como si dejara de ser yo. Como si dentro de mí se desdoblara una segunda persona, enemiga mía, para burlarse de mi timidez, desde todos estos cartelones.» No sabía ni él mismo —sobre todo él— hasta qué punto era cierto esto que decía.

Creo que nunca se ha reparado en el enorme valor confesional de esta entrevista de prensa realizada en Buenos Aires. Es un documento importante para conocer al que llamamos Lorca tardío, el de los años treinta.

En otra entrevista (con J. Chabás, 1934) vuelve sobre el tema del público: «Claro que le gusta al público.» Se refiere a las representaciones de su teatro ambulante La Barraca. «Al público que también me gusta a mí: obreros, gente sencilla de los pueblos, hasta los más chicos, y estudiantes y gentes que trabajan y estudian. A los señoritos y a los elegantes, sin nada dentro, a ésos no les gusta mucho, ni nos importa a nosotros. Van a vernos y salen luego comentando: "Pues no trabajan mal." Ni se enteran. Ni saben lo que es el gran teatro español. Y luego se dicen católicos y monárquicos y se quedan tan tranquilos. Donde más me gusta trabajar es en los pueblos.» Y en declaraciones del mismo año a Alardo Prats: «Pero en este mundo yo siempre soy y seré partidario de los pobres. Yo siempre seré partidario de los que no tienen nada y hasta la tranquilidad de la nada se les niega.» Y más adelante: «Yo espero para el teatro la llegada de la luz de arriba, siempre del paraíso. En cuanto los de arriba bajen al patio de butacas, todo estará resuelto.» El rebelde existencial se confunde aquí, como ya habíamos previsto, con el revolucionario social. A propósito de su trilogía trágica, alude a *El drama de las hijas de Loth*, que sin duda fue después *Bernarda Alba*. Y apunta otros proyectos teatrales, todos trascendentes: En otra entrevista afirma que tiene muy avanzada *La destrucción de Sodoma*. Nada sabemos de esta obra, de tan significativo título.

En unas declaraciones a *Proel*, de 1935, afirma que lo dramático predomina en su temperamento sobre lo lírico, sin duda alguna. Tiene ya conciencia, evidentemente, de su esencial tragicismo, que en otro tiempo pudo dormir dopado por la lírica. Y vuelve el revolucionario: «A veces, cuando veo lo que pasa en el mundo, me pregunto: ¿Para qué escribo? Pero hay que trabajar, trabajar. Trabajar y ayudar al que lo merece. Trabajar, aunque a veces piense uno que realiza un esfuerzo inútil. Trabajar como una forma de protesta. Porque el impulso de uno sería gritar todos los días al despertar en un mundo lleno de injusticias y miserias de todo orden: ¡Protesto! ¡Protesto! ¡Protesto! Por lo demás, yo tengo en proyecto varios dramas de tipo humano y social. Uno de esos dramas será contra la guerra.» En esta misma entrevista habla de un libro de poemas donde recogerá unas trescientas composiciones con el titulo de *Introducción a la muerte*. Otro título muy revelador de este Lorca tardío. ¿Se trata, quizá, de lo que luego conocimos, muy reducido, como *Diván del Tamarit*? En todo caso, él era ya un poeta de la muerte.

En unas manifestaciones a propósito del estreno de *Doña Rosita* habla del «drama de la cursilería española, de la mojigatería española, del ansia de gozar que las mujeres han de reprimir por fuerza en lo más hondo de su entraña enfebrecida». En *Apostillas a una cena de artistas*, Luis Góngora (1935) recoge esta frase de Lorca: «¿Qué sería de los niños ricos si no fuera por las sirvientas, que los ponen en contacto con la verdad y la emoción del pueblo?» Luis Góngora ya dice de Lorca que está «aprisionado en su obra por el sentimiento trágico de la vida».

En una conferencia en el Ateneo Guipuzcoano, sobre el *Romancero*, desmiente el folklorismo de la obra: «Un libro donde apenas está expresada la Andalucía que se ve, pero sí la que se siente.» «Hay un solo personaje real, que es la pena que se filtra.» La conferencia es de 1936. Pero hoy, treinta y tantos años más tarde, seguimos todos insistiendo en el folklorismo del *Romancero*, ignorando su esencialismo y, sobre todo, su pena, mote localista de la angustia universal. En esta conferencia-recital renuncia a leer «La casada infiel», porque lo considera un poema artificial. Algo así creíamos ver nosotros en nuestro estudio del poema, donde el protagonismo del autor queda tan equívoco. En cambio, considera el romance de Soledad Montoya como «lo más representativo de la obra». Como que Soledad Montoya es una posesa de la pena, una angustiada, un enduendada, una maldita.

Hay una conversación periodística de Lorca con Felipe Morales (1936), a quien le dice: «No se puede hablar de si el hombre es un objeto más sugeridor que la mujer. No, no se puede hablar.» Y luego: «Naturalmente que en la poesía vive un problema sexual, si el poema es de amor, o un problema cósmico, si el poema busca la batalla con los abismos.» Seguidamente expresa su concepto trágico, exasperado, del teatro, y vuelve a su preocupación antiburguesa: «Escribir para el piso principal es lo más triste del mundo.» Y este párrafo inestimable, donde se anticipa a todo el teatro social y político de vanguardia, a los Beckett y los Ionesco: «Ahora estoy trabajando en una nueva comedia. Ya no será como las anteriores. Ahora es una obra en la que no puedo escribir nada, ni una línea, porque se han desatado y andan por los aires la verdad y la mentira, el hambre y la poesía. Se me han escapado de las páginas. La verdad de la comedia es un problema religioso y economicosocial. El mundo está detenido ante el hambre que asola a los pueblos. Mientras haya desequilibrio económico, el mundo no piensa. Yo lo tengo visto. Van dos hombres por la orilla de un río. Uno es rico, otro es pobre. Uno lleva la barriga llena, y el otro pone sucio el aire con sus bostezos. Y el rico dice: "¡Oh, qué barca más linda se ve por el agua! Mire, mire usted el lirio que florece en la orilla." Y el pobre reza: "Tengo hambre, no veo nada. Tengo hambre, mucha hambre." Natural. El día que el hambre desaparezca va a producirse en el mundo la explosión espiritual más grande que jamás conoció la Humanidad. Nunca jamás se podrán figurar los hombres la alegría que estallará el día de la Gran Revolución. ¿Verdad que te estoy hablando en socialista puro?» En la misma entrevista, su verdad sobre Nueva York: «Nueva York es terrible. Algo monstruoso. A mí me gusta andar por las calles, perdido; pero reconozco que Nueva York es la gran mentira del mundo. Nueva York es el Senegal con máquinas. Los ingleses han llevado allí una civilización sin raíces. Han levantado casas y casas, pero no han ahondado en la tierra. Se vive para arriba, para arriba... Pero así como en la América de abajo nosotros dejamos a Cervantes, los ingleses en la América de arriba no han dejado a Shakespeare.»

Este Lorca tardío acaba de descubrir a Quevedo. Era inevitable. Mucho se ha hablado de su lopismo. Pero en Quevedo hay un posible maldito que algún día tenía que salirle al encuentro a Lorca: «¡Qué gran injusticia se ha cometido con Quevedo! Es el poeta más interesante de España. Mi amistad con Quevedo data de pocos años.» «Quevedo es España.» Era fatal. Lorca viene de Lope y Góngora. Pero va a Quevedo. Lope y Góngora le dieron dinámica y estética, respectivamente. Mas, cuando su ser se va desnudando, su angustia y su rebeldía de maldito a la española se van acendrando, encuentra al gran padre de todas las rebeldías españolas y a la española: Quevedo. Y más tarde, hablando ya «en Quevedo», le dirá a Bagaría: «En este momento dramático del mundo, el artista debe llorar y reír con su pueblo. Hay que dejar el ramo de azucenas y meterse en el fango hasta la cintura para ayudar a los que buscan las azucenas.» Al propio Bagaría le dice el «gran optimista» Federico: «El optimismo es propio de las almas que tienen una sola dimensión; de las que no ven el torrente de lágrimas que nos rodea.» Más adelante: «Desde luego, no creo en la frontera política.» Y termina esta entrevista con Bagaría haciendo otra afirmación de rebelde; se refiere a los mundos del fantástico Bagaría, poblados de animales libres, le aconseja que los mantenga alejados de las ciudades, «porque les pondrán esposas y les harán vivir sobre los vientos corrompidos de los muertos».

Aparte de un gacetillerismo bullicioso que recogió la superficial alegría lorquiana —farsa e hipertrofia, como ya sabemos—, ¿qué nos queda, en este repaso a sus epistolarios y conversaciones, del voluble señorito andaluz?

20

FEDERICO

Pero ya decíamos al principio de este libro que uno de los pocos seres que conocieron y entendieron de cerca a García Lorca —su contemporáneo Vicente Aleixandre— sí nos da una visión del poeta con la que viene a coincidir la nuestra, y que, por supuesto, desmiente todo el clisé superficial del Lorca folklorista y estetizante, a quien incluso el drama y la tragedia de su obra se le interpreta como esteticismo. Esa visión está en la prosa *Federico*, escrita en 1937, al año siguiente de la muerte de Lorca, en plena guerra civil española, reproducida como epílogo de las obras completas del granadino editadas por Aguilar y recogida, asimismo, en el libro *Los encuentros*, de Aleixandre: «Yo le he visto en las noches más altas, de pronto, asomado a unas barandas misteriosas, cuando la luna correspondía con él y le plateaba su rostro; y he sentido que sus brazos se apoyaban en el aire, pero que sus pies se hundían en el tiempo, en los siglos, en la raíz remotísima de la tierra hispánica, hasta no sé dónde, en busca de esta sabiduría profunda que llameaba en sus ojos, que quemaba en sus labios, que encandecía su ceño de inspirado. No, no era un niño entonces. ¡Qué viejo, qué viejo, qué "antiguo", qué fabuloso y mítico! Que no parezca irreverencia: sólo algún viejo "cantaor" de flamenco, sólo alguna vieja "bailaora", hechos ya estatuas de piedra, podrían serle comparados. Sólo una remota montaña andaluza sin edad, entrevista en un fondo nocturno, podría entonces hermanársele.» Todo el telurismo de Lorca, en que tanto hemos insistido a lo largo de nuestro estudio, queda aquí magistral y poéticamente resumido por el único poeta y contemporáneo que, como dijimos al principio, estuvo verdaderamente cerca —relativamente cerca—, en obra y secreto, de Federico García.

Mas he aquí que el maestro Aleixandre adelanta luego una frase donde nos da la clave más interna de Lorca: «Ardiente en sus deseos, como un ser nacido para la libertad.» En su sentido profundo de la libertad hemos puesto nosotros el énfasis, ante todo. Angustia de la libertad que nace de la angustia de la gratuidad. Gratuidad y libertad se confunden en él. Se sabe libre porque se sabe gratuito, entregado al erotismo superfluo, al mal superfluo. O se sabe gratuito, superfluo, porque se sabe y se siente libre, angustiosamente libre para el mal. (Sólo se es libre para el mal; no hay una libertad para el bien, pues ya hemos visto que el bien es volitivo, supone una alienación voluntaria y, por supuesto, tanto más loable.) Criatura de superfluidad, Federico García Lorca. Y, por lo tanto, criatura de libertad, de exasperada libertad. Pero corrobora Aleixandre: «En Federico todo era inspiración, y su vida, tan hermosamente de acuerdo con su obra, fue el triunfo de la libertad, y entre su vida y su obra hay un intercambio espiritual y físico tan constante, tan apasionado y fecundo, que las hace eternamente inseparables e indivisibles.» Todo esto me parece mucho más válido que la tesis de mi maestro Gerardo Diego, quien me decía una vez verbalmente que la vida, la intimidad de Federico, era algo que él se reservaba, algo al margen de su obra y en lo que no debemos entrar. Pero sabemos por Kierkegaard que la reserva es lo demoníaco y, por otra parte, la reserva personal se traicionaba con la clamorosa evidencia de la obra.

Dice Aleixandre en su valiosísima página que, efectivamente, había un Federico exteriorizante, luminoso, y añade: «Pero yo gusto a veces de evocar a solas otro Federico, una imagen suya que no todos han visto: al noble Federico de la tristeza, al hombre de soledad y pasión que en el vértigo de su vida de triunfo difícilmente podía adivinarse. He hablado antes de esa nocturna testa suya, macerada por la luna, ya casi amarilla de piedra, petrificada como un dolor antiguo. "¿Qué te duele, hijo?", parecía preguntarle la luna. "Me duele la tierra, la tierra y los hombres, la carne y el alma humana, la mía y la de los demás, que son uno conmigo."» Aparte de lo revelador y expresivo de este párrafo, lo más significativo para nosotros, el gran acierto de Aleixandre, es hacer a Federico hijo de la luna: «¿Qué te duele, hijo?» El solar Federico, hijo de la luna. Nosotros habíamos dicho, también al principio de este libro, que, entre tanta luz del Sur, Lorca vive de la sombra. La maternidad lunar le hermana con todos los malditos. Pero sigue Aleixandre: «En las altas horas de la noche, discurriendo por la ciudad, o en una tabernita (como él decía), casa de comidas, con algún amigo suyo, entre sombras humanas, Federico volvía de la alegría, como de un remoto país, a esta dura realidad de la tierra visible y del dolor visible. El poeta es el ser que acaso carece de límites corporales. Su silencio repentino y largo tenía algo de silencio de río, y en la alta hora, oscuro como un río, ancho, se le sentía fluir, fluir, pasándole por su cuerpo y su alma sangres, remembranzas, dolor, latidos de otros corazones y otros seres que eran él mismo en aquel instante, como el río es todas las aguas que le dan cuerpo, pero no límite. La hora mala de Federico era la hora del poeta.» Aleixandre ha podido y sabido ver al poeta en su hora mala, en su gran hora, en su hora secreta y verdadera. Por si nos queda aún alguna duda, afirma el sevillano acerca del granadino: «Su corazón no era ciertamente alegre.» Y añade: «Era capaz de toda la alegría del universo; pero su sima profunda, como la de todo gran poeta, no era la de la alegría.» Alegría hipertrofiada, farsa de la alegría, histrionismo, desdoblamiento de personalidad: todo lo que hemos estudiado en Lorca lo resume Aleixandre en su frase. E incluso se preocupa de refutar a los coreadores del Lorca verbenero, entre quienes se cuentan algunos compañeros de generación de ambos: «Quienes le vieron pasar por la vida como un ave llena de colorido no le conocieron. Su corazón era como pocos apasionado, y una capacidad de amor y de sufrimiento ennoblecía cada día más aquella noble frente. Amó mucho, cualidad que algunos superficiales le negaron. Y sufrió por amor, lo que probablemente nadie supo. Recordaré siempre la lectura que me hizo, tiempo antes de partir para Granada, de su última obra lírica, que no habíamos de ver terminada. Me leía sus *Sonetos del amor oscuro*, prodigio de pasión, de entusiasmo, de felicidad, de tormento, puro y ardiente monumento al amor, en que la primera materia es ya la carne, el corazón, el alma del poeta en trance de destrucción. Sorprendido yo mismo, no pude menos que quedarme mirándole y exclamar: "Federico, ¡qué corazón! ¡Cuánto ha tenido que amar, cuánto que sufrir!"»

El lector estará de acuerdo conmigo en que, ante la página que he reproducido casi íntegramente, todo este libro que tiene en las manos está de sobra. No era preciso haberlo escrito. Aleixandre ha dicho en pocas palabras y por vía cordial todo lo que yo he querido ir explicando por vía intelectual. Quizá sólo valga mi obra como insistencia, ya que los otros, «los superficiales», que dice Aleixandre, insisten a su vez en desconocer al poeta más grande y trágico de nuestro siglo español.

Entre los dibujos de Federico todavía encontramos el título de uno de ellos que es una confesión más del poeta: «Sólo el misterio nos hace vivir. Sólo el misterio.» Sentencia que bien pudiera servir para la imposible lápida de su sepultura.

Su sepultura. Está en ella desde el día 20 de agosto de 1936, en el camino de Granada a Víznar. (Brenan cuenta, en su libro *The face in Spain*, la búsqueda insistente que hizo por toda Andalucía, en 1950, para descubrir en todo o en parte la incógnita de aquella muerte. Creyó encontrar la tumba del poeta junto a la finca del duque de Wellington, en Víznar, pero nada se ha podido confirmar. Jean Chabrol sienta otra hipótesis geográfica. Alguien opina que Lorca no murió el 20, sino el 18 de agosto. El arquitecto Alfredo Orgaz, hoy residente en Colombia, fue una de las últimas personas que vio a Lorca en Granada, a mediados de aquel mes de agosto, en casa de los Rosales.) Antonio Machado, en su poema a la muerte de Lorca, también le ve identificado desde siempre con el misterio y le hace decir: «Hoy como ayer, gitana, muerte mía, qué bien, contigo a solas, por estos aires de Granada, ¡mi Granada!»

Al final ya de este libro, debemos justificar nuestro procedimiento analítico de alguna forma, y lo haremos recurriendo a algún testimonio ilustre. Como se sabe, el reputado crítico decimonónico francés Sainte-Beuve, creía que el mejor medio de valorar una obra literaria era reunir la más amplia información posible sobre su autor y, una vez bien conocida la personalidad de éste, poner en conexión una y otra. Marcel Proust refutó esta teoría. En *Contre Sainte-Beuve*, ensayo inédito hasta 1954, señaló que en todo escritor existen un *yo exterior*, «el que manifestamos en nuestras costumbres, en la sociedad, en nuestros vicios», y un *yo profundo*, que es el que «produce las obras», añadiendo que el conocimiento del primero sólo puede servir para impedir el del segundo, al que únicamente cabe llegar mediante una lectura atenta de las obras en que se produjo la afloración de ese yo misterioso. No hay que decir que nosotros estamos con Proust —otro posible maldito encubierto, por cierto, incurso en desdoblamiento de personalidad e histrionismo, como en estas mismas declaraciones demuestra— frente a Sainte-Beuve, si bien nos preocupamos en ir de la obra al *yo profundo* pasando por el *yo exterior*, que siempre vale como ilustración de lo meramente teórico, pero sin detenernos en él, como han hecho casi todos los biógrafos de Lorca, como hacen los biógrafos en general, que van de la vida a la obra —cuando se trata de un escritor—, imponiendo a ésta el determinismo de una biografía ya consumada. Nosotros, yendo de la obra a la vida, creemos librarnos de ese determinismo, ya que la obra no es hecho consumado, sino materia eternamente opinable.

Justificado así, más o menos, nuestro procedimiento, acudamos ahora a algunos testimonios esclarecedores de las teorías que a lo largo de estas páginas hemos sentado. Empecemos por la Biblia. Se dice en el conocido pasaje clásico de Santiago que «Dios no tienta a nadie, sino que cada uno es tentado por sí mismo». Aquí está, para nosotros, la clave de lo demoníaco, no como mal que viene de fuera, sino que está en el hombre. Kierkegaard, en *El concepto de la angustia*, continúa esta idea: «Si lo demoníaco es un azar del destino, puede alcanzar a todos.» Ambas frases vienen a identificar lo demoníaco con la naturaleza, a integrarlo en ella, en el hombre y en la historia. Más adelante dice Kierkegaard: «Lo demoníaco tiene un alcance mucho mayor de lo que se supone habitualmente.» «Se encuentran huellas de ello en todo hombre.» Y luego: «Lo demoníaco es lo reservado y lo involuntariamente revelado.» Ya hemos estudiado reserva y revelación involuntaria —en la obra— a propósito de Lorca. También admite Kierkegaard que «lo demoníaco es lo negativo». Así como que «la exagerada sensibilidad» puede ser un matiz de lo demoníaco. Finalmente, afirma el filósofo existencialista danés que «lo demoníaco es la angustia del bien». Entiende el mal como esclavitud que se angustia de la libertad que puede representar el bien. Nosotros invertimos los términos. El hombre que ha experimentado el mal como libertad, se angustia del bien, en cuanto que el bien es para él volitivo, alienante. También así lo demoníaco es la angustia del bien. (Que no excluye la angustia del mal en libertad, pues el propio Kierkegaard ha dicho que «la angustia es el vértigo de la libertad»; la libertad, nacida para nosotros de la gratuidad, produce vértigo, y a ese vértigo le llamamos el mal, lo demoníaco. La angustia del bien, entonces, es solamente subsidiaria o subsiguiente de la angustia del mal.) Y no hay que subrayar la relación de todo esto con la dinámica psicológica de Lorca. Suficientemente hemos insistido sobre ello en este libro.

Ortega, por su parte, en *La idea de principio en Leibniz*, afirma que «para el animal, Ser es sentirse en peligro». Nuestra teoría de la angustia de la gratuidad engendra inmediatamente la angustia de la peligrosidad. Cuando el ser empieza a encontrarse gratuito, se siente, naturalmente, en peligro. Puesto que no tiene justificación, tampoco tiene defensa. La angustia de la peligrosidad es lo que Ortega llama «sentirse en peligro», que identifica nada menos que con el Ser. Esta teoría del Ser como peligrosidad corrobora hacia atrás nuestra idea de la angustia de la gratuidad. Más adelante habla Ortega del «ingrediente inexorablemente patético que hay en la raíz misma del ser humano y su vivir, esa conciencia de can que ha perdido su dueño, de animal desorientado que no sabe ni dónde está ni qué ha de hacer». Aquí ya formula Ortega, mediante metáfora, la angustia de la gratuidad confundida con la angustia de la peligrosidad (que para nosotros puede ser origen del instinto de autodefensa, que genera una belicosidad excesiva: el mal superfluo).

Habla luego Ortega, a propósito del existencialismo, de una «afición a la angustia», que atribuye a Heidegger. Esto es muy sutil y viene a matizar la angustiosidad de los existencialistas. Se trata, en todo caso, de la hipertrofia de la angustia, que ya hemos detectado en Kierkegaard, paralela a la hipertrofia de la alegría, ostensible en Lorca. ¿Hay también en el propio Lorca una hipertrofia de la angustia, una «afición a la angusia»? Dado que se trata de una criatura desdoblada y que, para nosotros, estas hipertrofias nacen de la autocontemplación, del desdoblamiento, puede admitirse esa hipertrofia o exageración de la angustia en Lorca, pero sólo como simple matiz de una angustia radical. Imposible deslindar en su obra dónde termina la angustia y dónde empieza ésta a hipertrofiarse.

El mismo Ortega, en su *Teoría de Andalucía*, hace extensiva nuestra idea del desdoblamiento lorquiano como narcisismo a toda la región andaluza: «Esta propensión de los andaluces a representarse y ser mimos de sí mismos revela un sorprendente narcisismo colectivo. Sólo puede imitarse a sí mismo el que es capaz de ser espectador de su propia persona, y sólo es capaz de esto quien se ha habituado a mirarse a sí mismo, a contemplarse y deleitarse en su propia figura y ser. Esto, que produce a menudo el penoso efecto de hacer amanerado al andaluz, a fuerza de subrayar deliberadamente su propia fisonomía y ser en cierto modo dos veces lo que es, demuestra, por otra parte, que es una de las razas que mejor se conocen y saben de sí mismas.» Todo esto que dice don José es perfectamente aplicable a Lorca, con la corroboración de que, al referirlo el filósofo a toda una raza y región, deja mejor explicado étnicamente el enigma Federico. También subraya Ortega el panteísmo andaluz: «Vive, pues, este pueblo referido a su tierra, adscrito a ella en forma distinta y más esencial que otro ninguno.» Cómo ese panteísmo se va haciendo negativo en Lorca, antihedonista, es algo que ya hemos estudiado. (En Lorca y en Andalucía toda, a medida que se profundiza, aunque Ortega no lo haya hecho.)

En uno de sus ensayos sobre Don Juan, dice Ortega: «Una tragedia no puede nunca emerger de la limitación desventurada o el triste vicio que, por azar, padece un hombre, sino engendrarse en alguna limitación esencial que sea inseparable de la condición humana.» Apliquemos esto a Yerma. *Yerma* no es una tragedia porque cuente la angustia de una mujer estéril, «limitación desventurada», «azar», sino porque cuenta y desarrolla una angustia universal: la angustia de la gratuidad.

En Lorca, finalmente, cabe hablar baudelerianamente de «nostalgia del cieno»; del cieno en sus dos sentidos: de origen y de cloaca. Si descontamos del concepto tradicional de «maldito» lo que tiene de novelesco y externo, anecdótico, y ponemos más atención a la biografía oculta de Lorca, veremos que la definición «Lorca, poeta maldito» deja de resultar forzada. Pero está, sobre todo, el sentido que nosotros le damos, que yo le doy a la palabra «maldito». Un sentido psicológico y existencial. Para mí, un hombre maldito no es un hombre malo, que tal es lo que se viene entendiendo ingenuamente por «maldito», sino un hombre que ha tomado conciencia profunda del mal en la existencia mediante la angustia de la gratuidad, confundida con la angustia misma de la libertad, y que da lugar a todos los procesos sucesivos de la angustia, hasta la angustia del mal, que no es temerle ni evitarle, ni siquiera ejercerle, sino, simplemente, *conocerle*. Lorca lo conoció hondamente y por eso pudo escribir este verso típicamente *maudit* que hemos puesto como lema de nuestro libro: «Y la vida no es noble, ni buena, ni sagrada.»